重新

出發

目錄

總幹事的話

總幹事的話

ⱽⱽⱽ

十方一念・再寫青春

「青春」，應該是一本快樂的書。然而，一些青年在開首章節部分，故事可能離了題、或是缺了頁、又或是錯漏百出。這樣的落筆，他們的人生是否從此定調？

擁抱信念，才有機會改寫命運和結局。而信念得以成為動力，可能源自得到一份信任，一句關心，或是一個機會，使年輕人能頓然醒覺，在關愛與支持下積極走回正路，改寫人生。

香港青年協會於 2013 年舉辦「重新出發」青年嘉許計劃，我們一方面希望表揚在犯錯與跌倒後能重新振作的青少年；另方面亦期盼讓青年朋友明白，他們在迂迴的成長路上並不孤單。

本書輯錄了8位今年獲得嘉許的青年故事，透過回顧經歷，盼望能為青年及他們身邊的同行者帶來動力與啟發。藉著真實故事與心聲，我們相信有助提升社會對這些年輕人的了解與同理心，並更認識怎樣與在邊緣中爭扎的青年同行。

本年度「重新出發」青年嘉許計劃承蒙荃灣獅子會及荃灣獅子會慈善基金贊助，本人藉此表示衷心感謝。我們誠願社會能持續支持青年重新出發，改寫他們的未來。

香港青年協會總幹事何永昌先生
二零一九年六月

會長的話

會長的話

〰〰

關顧青少年成長一直為荃灣獅子會的宗旨之一，因此本會連續三年支持「重新出發·青年嘉許計劃」，以獎勵形式嘉許努力改進的犯罪違規青少年。今年，本會十分榮幸除了可以與香港青年協會合辦活動外，更難得邀請懲教署合作，身體力行一齊支持青少年改過自身。

雖然我已經第二年擔任計劃複選評審，但對我仍然抱着期待的心情去聆聽每位青少年的故事。一如往年，每一位青少年的故事都令我有很深的感受。計劃中每位青少年或者都曾經誤入歧途，被視為社會的「壞分子」，受盡冷嘲熱諷，但幸好得到社會熱心人士的誘導及自我反省，先可以換來今日「重新出發」的機會。

為了讓更多青少年有機會分享到這些勵志又正面的故事，今年荃灣獅子會特別將得獎者的故事改編成微電影，希望可以利用電影將犯罪違規的後果真實呈現出來，讓其他青少年都引以為鑑。

他們的改變，真的讓我好鼓舞同感動。每個人都有犯錯的時候，但最重要是勇於承擔過錯，引以為鑑，警剔自己不可一錯再錯，努力改進自己，成為一個對社會有貢獻的人。最後，我希望社會各界都可以給予曾誤入歧途的青少年一個改過機會，亦希望各位家長、老師及社工都可以用心了解青少年的世界，給予他們更多關懷，讓他們踏上正確的人生路，擁有一個健康豐盛人生。

荃灣獅子會會長李浩然先生
二零一九年六月

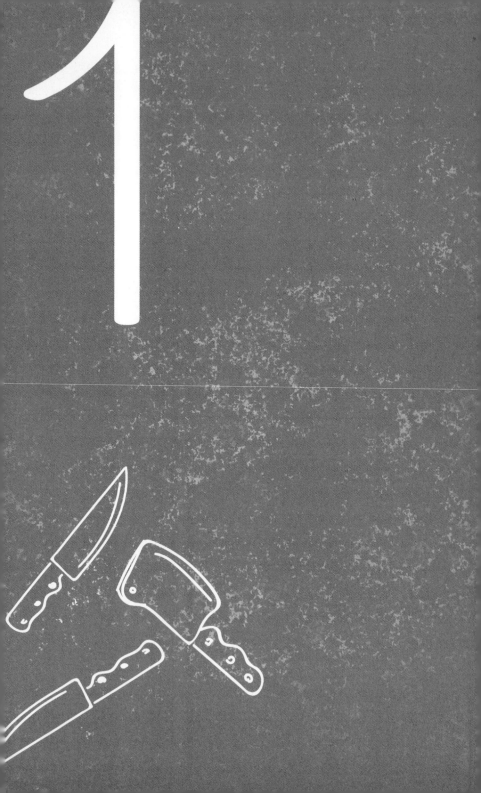

尋仇

“Life is
what you make it!”
——阿豪

尋仇

\/\/\/

尋仇者

在黑社會世界，「大人物」來來回回得罪人和被人得罪，透過互相挑釁演示氣勢，而動手的人，往往是那些很有「義氣」的小伙子。挑動仇恨的人總是既得利益者，透過不斷的衝突去博奕，爭奪更高位置，而去動手的人，沒得多少利益，但便是承擔責任的，這是遊戲玩法。

後來阿豪說：這是一個騙局。

但已經是出獄之後的事了。

圍毆

加入這個群體時，阿豪 14 歲。14 歲的青年，在學校和家中找不到自己的位置，成績不佳，得不到老師注視，也自然得不到家人的肯定。沒有完成成年人心目中的期許，沒有被肯定，沒有人看得見他，阿豪去到哪裡都是透明的。人生在世，有時可以為了一份被重視的感覺，做許多傻事。

阿豪的家人一直對他非常重視，然而傳統家庭中，支持與鼓勵這些「肉麻」的說話，往往不到重要關頭也不說出來，同樣地，阿豪也不會向父母表達太多心聲與感受。雖然彼此也著緊對方，但收藏在句句說不出口的話中，阿豪對家人的感情日漸疏淡。

後來阿豪認識了一班處境和他相似的朋友，不喜歡上學也不願回家，一起成為街童，無所事事。這種青年很快會被看中，招攬為社團做事，像阿豪這種年青人也是樂意的。能夠「跟大佬」，這班孩子一刻之間便由「街童」成為「江湖中人」，得到身分認同，14 歲的年紀在社會定義中還是不能獨立的小孩，但在社團之中卻得到成年人的地位與尊重，被看為是一個「做大事」的人。

可以搵到錢，又有團隊和朋友，又有存在感，能力被充分肯定。這種配套是很多人夢寐以求的生活，只是這份「工作」本身不太對勁。阿豪主要的工作是當打手，組織一班兄弟，

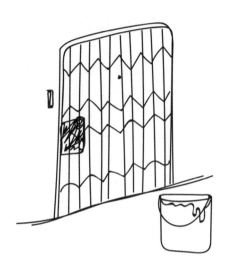

去埋伏目標人物，又或許是追數淋血油，更多的時候只是
為了一些口舌之爭出席疊馬。

一拳一拳打在別人面上，看他人沒有還手之力，有些人心
中會生出發洩的快感，但在他心中，看到別人痛苦的表情，
卻有一點內疚。

有義氣，肯做肯搏，阿豪很快得到肯定，這樣他很高興。
但打手的工作性質，並不讓他感到快樂，阿豪回想起一次
收到 order，其中一個要打的人是他從前的朋友，帶著黑色
口罩的阿豪為了完成工作，無奈也要打下去，對方眼神中
的恐懼，痛苦地看著他的神情，半刻之中定了格，至今亦
會泛在他的腦海中。

差點打死了他

一直在街上替別人出頭、追數，直至有一次，接到了一單不一樣的 order，他的路從此不一樣。

事件起因是相當無關痛癢的，源於網絡一則非常不客氣的挑釁帖文，得罪了阿豪的大佬，遇到公然挑釁，即使多無謂，社團中人也不得不回應，否則便「唔使出嚟行了」。

阿豪是這次尋仇行動的帶頭人，領著一行三四十人，到事主出沒的地方前後包炒，熟悉套路的他們一直在互通短信，目標人物出現，便圍上去，拖他到預先查定沒有閉路電視的角度，便打。

甚麼都不用說，一拳一腳出盡力朝他的身上臉上打下去，對方痛苦，慘叫，然後慢慢在拳腳聲中聽不到叫聲，他靜了，阿豪覺得不妥：「夠喇！打死人喇！」亢奮中的手足卻聽不見阿豪的指令，繼續瘋狂地毆打。直至對方口吐白沫，他們慢慢停下來，對方已失去知覺，臉色泛白。

很快他們就看到新聞報導，事主被送到深切治療，警方立即介入，他們都知道「搞大咗」。出事了，有看過江湖電影的人都知道，下一步，就是走佬。

走佬

阿豪帶著女朋友，上演一對亡命鴛鴦，不能回家了。他們在長洲偏遠位置租了一間小屋，從前與家人沒有兩句的阿豪，此時想念起家人。阿豪冷靜地跟母親視像通話，母親一聽到阿豪出事便哭了，問他夠不夠錢用，說到不知多久才能回家，阿豪眼淚卻掉了下來。

阿豪跟家人交待了逃走的計劃，打算等幾天風聲靜了，坐船回內地避風頭，可能一避便不知要避多久。這幾天足不出戶地在小屋裡等，阿豪想起從前很多畫面，感慨為甚麼一年前才是朝朝起身穿校服的孩子，今天差點殺人了，來到這個逃亡的境地。而那些所謂「出生入死」的好兄弟，一早大難臨頭各自飛，出了事原來一點照應也得不到，留在身邊為他擔憂的，只有家人。

幾天以後，他收到風被他們打的那個人已脫離了危險期。沒有打死人，阿豪心頭才稍鬆一下，幾個兄弟已經被拉了，他沒有被爆出來。他那時一心以為警方只是捉夠人交差便可以，不會再捉自己，才敢打算離開長洲小屋。但嚴重傷人也是大罪，已經不可以再待在香港了，他臨行前想回家一趟，見一見家人，也收拾東西。

打開家門，妹妹已經哭成淚人，看到哥哥，哭著問他甚麼時候回來？阿豪說不知道。媽媽仔細地為阿豪收拾行李，一件件衣服摺好。而阿豪的爸爸則一臉沒話可說，沒有正看他，也沒對他說一句話，只是氣結地坐在客廳中央，一動不動。

快要收拾好的時候，卻已經聽到急速的拍門聲。

警察來了。

一家人未及做反應，幾位反黑組警員破門而入。在房間裡的阿豪情急跳進衣櫃裡。妹妹嚇得哭起來。母親說阿豪不在家，警察走進阿豪的房間，眼利地看到床上的手機：「咁呢個邊個㗎？」

爸爸說：「手機係我嘅。」

警察轉而對爸爸問話。此時阿豪心知沒辦法躲了，他走出來，警員對他說，你爸爸剛才已經妨礙司法公正，阿豪說他會好好跟他們走，求警察不要牽連爸爸。

如果你想做返好人，搵我吖

他們動手時以為沒有閉路電視，但原來事發後他們逃走的路線一早被一街的店上 CCTV 影到了。往後的日子，就是漫長的還押歲月，最痛苦的是等待不知何時上庭的日子。數一數已等了 160 多天，傷人 17a，侵害人身罪條例，最壞打算是要坐到 2021 年。這種沒完沒了的未知，比坐牢本身是更大的折磨。

最懊悔的是家人隔著玻璃，看著他默默流淚。他曾經以為自己做大佬，「照住」很多人，原來到頭來看著自己最親的家人為自己心如刀割，他也無能為力。

判刑後，阿豪在獄中思想當初，已經罪成判刑的他，才剛剛 16 歲。這段日子他問自己真的有快樂過嗎？更多是良心不安的時刻，透過揮霍他口中所講的「不義之財」，去釋放殘害別人的內疚。然後錢花光了，又要再向下一個人下手，不斷重覆，心中的矛盾日漸累積，日子一天比一天沉重。當初很渴望被欣賞被肯定的感覺，後來，卻成為了自己也討厭自己的人。

在獄中，一位阿 sir 問他：「咁你出去之後想點？」

這一句，才讓阿豪認真去想，原來他只知道從前的日子都
是他不想的，但他不知道自己想要怎樣的日子，也不知道
日子還可以怎麼過，只是不想再做一個亡命之徒。原來他
只想好好和家人相處，過平常日子。阿豪實在很想念那些
問心無愧的日子。

這位阿 sir 其實也留意阿豪一段日子了，他感到阿豪本性
不壞，起初阿豪不取與阿 sir 多談，後來阿 sir 隔一段時間
便會找他傾談，慢慢阿豪會分享自己的心事，阿 sir 感受到
阿豪的迷惘。其中一次家訪時，發現他的家人十分支持他，
父母說到阿豪讀書時成績不俗，也曾得到不同的運動獎項，
爸爸一再說他本質不壞，只是因為朋友教唆才會學壞。阿
sir 更加確信，這位青少年的未來是可以變好的。

慢慢和阿 sir 傾談，阿豪開始摸索到日後人生的方向。其實只要用心做甚麼事，都可以讓別人快樂，成為一個自己和他人也欣賞的人，他開始去思考新的目標，想想自己喜歡做甚麼，他決定努力去做一份正當工作，從中再建立自己的價值。當學生的世界，只有成績好才會被肯定，考不到高分，價值便不被看見。原來世界還可以很大，他可以做的事其實很多，這是當時的他沒有想過的。明白這一切之後，他覺得從前的自己好傻，一切都是個騙局，一個改寫他人生的騙局。

出獄後，阿豪做回正行，當一個廚師，雖然做廚房十分辛苦，但這些正當金錢為他帶來內心的安定，這份安定的滿足勝過了肉體的辛苦，因此多辛苦也沒有動搖他的決心。慢慢地他也發現，原來成為一個重要的人，可以很簡單，可能是能煮出一份好菜色，讓辛勞的人們工作後飽餐，一份好的晚餐為人們奔波一天帶來一個美好的完結。原來這樣就很快樂。現在，他的目標是由學徒，升為二廚，能親手煮出更高質素的食物。

昔日的兄弟出獄後找他東山再起，但他已經不留戀那些快來快去的金錢，他很喜歡實實在在，心境平安的日子，在獄中的他，很期待刑滿後能去返工，現在的每一天也能看到明天，賺取安樂的錢，不用今日唔知聽日事，真的很好。相對起那些兄弟現在還是過著浮浮沉沉，沒有明天的生活，他跟兄弟認真說：「如果你想做返好人，你搵我吖。」

心境踏實，人也不再需要揮霍度日。阿豪開始會儲點錢，還用認真工作的錢請家人去旅行。他現在知道，自己最重視的始終也是家人，他不止希望家人不要再為他擔心，更想看到家人終於因為他的努力而感到快樂。

今天家人會不時來他上班的餐廳探班，他當然為家人的食物特意弄大份一點。阿豪隔著廚房的小窗看著家人吃飯，回想起從前，家人在獄中隔著玻璃探望他，只是在這兒，家人的表情很不一樣，望著這一個情景，阿豪會心一笑，有種莫名的感動。

一切都過去了。

改過遷善

香港青少年犯罪研究學會秘書長 黎定基先生

以青年犯罪學的角度去看，我們從阿豪的故事，可以看到幾個少年變成邊緣青年的心理因素。十多歲的青年往往容易受朋輩影響，正值血氣方剛的年紀，容易以好勇鬥狠換來榮耀感，加上被容易掙來的快錢引誘，便會誤入歧途。正如阿豪一樣，在學業成績得不到認同，但卻在黑社會打鬥中找到欣賞，在朋輩圈子找到歸屬感與虛榮。同時，擁有某些性格特質的少年，往往特別容易受引誘。例如某些年青人貪圖享受或追求名牌，面對誘惑難以自制，他們往往不夠刻苦，因為正當工作很辛苦才可以滿足物質慾望，他們便會選擇走捷徑。

現今社會投機風氣盛行，推崇物質享受，不再重視腳踏實地精神，年青人在主流社會價值觀下，容易忽略努力的重要。社會上的不法分子，便會看準年青人的心理弱點去影響他們。起初認識的時候，不法分子會先以利益引誘好奇的年青人，以「朋友」、「兄弟」的角色提供聲色犬馬的生活讓他們習慣奢侈生活，不斷無條件地對他們好，以建立互相講「義氣」不講錢的關係。等待年青人依賴朋黨，便開始要求回報。例如要求他們去參與打鬥，甚至其他非法活動。這時年青

人的生活重心已投入在這個圈子之中，心理上亦覺得虧欠了從前接受的種種好處，更難以拒絕「朋友」或「好兄弟」的要求，便會開始成為不法分子利用的工具。

面對已經誤入歧途的青年，他們已經習慣不勞而獲的方式，加上朋輩關係密切，重新向他們投入正確價值並不是容易的事。首先，我們需要從協助青年遠離控制他們的圈子，進入懲教院所的其中一個好處，是讓他們能與不良圈子遠離，能開始抽離社團的關係網，有助他們清楚思考局面，同一時間，懲教院所亦讓他們和家人的距離重新拉近，父母協助青年處理被捕後的事情以及探望的時間，相對於在外的日子，年青人多數只與外面的朋友相處溝通，接受懲教的時間是父母與子女溝通機會。年青人頻繁接觸的人由朋友變父母，正如阿豪在被捕後，從前的社團朋友都不見了，因此增加了與父母相處的機會，才開始感受到家人對他的關愛，並開始認真反思己過。

年青人有了反省和恥感的心理，導輔工作才能開始有成效。故事中阿豪與懲教處的阿 sir 傾談，慢慢找到出路，決心重回正途。年青人的「恥感」是一個重要的工具，當他們開始感到犯錯，和對家人感到內疚，這時侯加以合適的輔導，能較易協助他們建立新的價值觀，改善行為和人生目標。但要注意的是，「恥感」使用得好，可以帶來很重要的改變，但若然使用不當，便會產生自卑感甚至憤怒，造成反效果。「恥感」能提供良好作用，前設是與青年已經建立良好的關係，以及他身邊有足夠的支持，協助他重新起步。説到底，關鍵亦是與年青人同行，終會讓他們改過遷善。

一百條人命的責任感

> **有種愛叫責任感！**
>
> ——阿泰

一百條人命的責任感

〰

米蘭昆德拉的《生命中不能承受之輕》一書，常討論「輕」
與「重」的問題。其中生命的「重」，是來自人生的各種責任，
而那些「重」，未必是負累；對生命輕率以對，躲開一切責任，
看似容易，許多時候卻「輕」得讓人難以承受。「責任感」
是一件看似虛無，卻又無比重要的東西。

以下是一個在建立責任感的路上，找回幸福的故事。

年幼輕狂

阿泰的父親喜歡拳擊運動，是一名巴士司機，他 10 歲時跟隨父親加入拳館，拳館裡有些氣血旺盛的年青人，除了打拳，還喜歡到處尋找刺激。阿泰很快便進入了那個追尋刺激的圈子。升上中學後，早熟的他 13 歲便開始跟那些少年出去玩。其中亦有些社團分子。

放學後，他便會去師兄弟的「私竇」流連，他形容在那些地方，毒品、酒精和煙草像「自助餐」一樣，一班人無所事事，便到那兒聚集，吸煙和吸毒。阿泰記得第一次吸毒，感覺很平常，不像是做了甚麼大不了的事。

那天他們一班朋友如常聚在一起打發時間，各人都已經飲得很醉，桌上放滿各種毒品，漸漸在場各人都神智不清，只得阿泰一個人還清醒。在好奇心驅使，加上無聊感，沒考慮太多的他，隨手拿起桌上別人用了一半的毒品吸了兩口。阿泰的第一口毒品，沒有像黑社會電影的戲劇性情節般發生，悄悄地放進身體裡。

跟隨的是嘔吐大作，然後便失去意識了，第一次吸毒，沒有很有型的畫面，但卻使當時 13 歲阿泰，日後更覺得甚麼「壞事」都沒有那麼大不了。對於成為一個「壞人」，是不以為然的事。

阿泰的中學是區內有名的,「成名」原因是有很多壞學生在內,而且幾乎學校的不良學生都是跟同一個社團。在這些學校裡,要不做一些不會生事也不太特出的平凡學生,稍為好強或書呆的,要是沒有人「罩住」,必然會被欺負。

以阿泰特別喜歡逞強的性格,當然很快便加入社團,成為能欺負別人的人。他說,在學校裡沒有背景的,就是「傻仔」,在這弱肉強食的學校生存不了。

「傻仔!焫你咪焫你囉!」

「睇你唔順眼咪打你,冇原因!」

阿泰形容,那些校園中的「強人」,只要覺得無聊,可以打你便會打你,跟大佬只是保障自己。

進入社團之後,身邊不少朋友從事運毒,由於身邊有源源不絕的供應,阿泰開始更頻繁地吸食毒品,以「批發價」買入,慢慢上了毒癮。

他說當時很多人邀請他幫手販毒,但他都一一拒絕,因為他覺得有風險,而且會破壞別人的整個人生,他覺得毒品害人,始終不肯沾手。於是拳館出身的他,順理成章是當上社團的打手。

看不到的 眼淚

初中時期的阿泰，幾乎是全心投入社團的關係之中，只要一放學，便會到大佬的家中打發時間，那時的他，沉浸於與各兄弟打交道，以及為大佬做事，以獲得大佬的欣賞，與兄弟們的尊重。

那時的他每天都兇神惡煞，眼神充滿戾氣，常常為大佬收數，參與社團間的談判，三時五日便出手與人打架，他形容那時自己很「揪得」。

他記得場面最誇張的一次，是在一次談判後，他與兄弟被七個人追斬，那些人拿著牛肉刀，一路追至傍晚七時人來人往的地鐵站。他沒有被斬到，而一同逃走的兄弟卻身中四刀。阿泰那時沒有被這個血腥又驚險的場面嚇到，反而他更覺「打紅了心」，心中只想要向對方更兇殘地復仇，當時的阿泰，不但沒有覺得以暴力解決問題是錯的，更加不會想衝動行事的後果。

這一次事件驚動了警方和阿泰的媽媽。那時媽媽才知道，原來年紀輕輕的兒子，已經沾手社團活動。

「屋企有版你睇啦？點解你仲要咁？」

媽媽的反應比阿泰想像中冷靜，沒有表現激動，而是認真又語重心長地向他訓示一番。

原來阿泰的媽媽，家中也有社團人士，她的弟弟一家也是社團中人。阿泰的表哥，正因為斬人而入獄了，他們也是表哥入獄後才知道。當時一心只向著社團和毒品的阿泰，當然把媽媽的勸戒當是耳邊風，依然故我地投入他喊打喊殺的生活。他形容當時朋友對於他是一切，家人只讓他感到煩厭。

阿泰覺得這樣不思考明天的生活很輕鬆自在，覺得家人煩便不見，閒時便吸毒，對於父母、家人、自己的身體與未來，沒有準備要負起責任的念頭，只求一刻高興便足夠。雖然如此，阿泰面對母親，內心是矛盾的，他總不希望媽媽知道他在外頭的混事，出外打架打得一身傷，也只會告訴母親在拳館練習受傷，其實暗地裡他對家人的看法十分在乎。

終於一次他在街上打架被警察上門拘捕，媽媽一出警局便罵他為何一次又一次的犯錯，而且這次打架，更讓當時中三的阿泰被學校以「校外行為不儉」為原因革除，他第一次認真需要面對生事的後果。眼見兒子屢勸不改，媽媽外表雖然硬朗，但憤怒背後的心痛，這次阿泰開始感受到了。

第二天，爸爸問他：「點解你阿媽喊咗成晚？」

那一刻，平日無心裝載的阿泰一時之間無語了，他感受到媽媽的心酸。

阿泰開始反思，想到媽媽每次囉嗦他以後，便是她在黑暗之間無數個流淚的晚上。

這些看不見的眼淚，點點滴滴打在阿泰的心頭，從前覺得輕鬆好玩的生活，回想記來，全都是以家人無比的沉重換回來，想到這一點，他便無法再回到那種行事輕率的心情。

這次，媽媽認真勸慰中三失學的阿泰，不如在爸爸任職的巴士公司做個學徒，好好地打份工，結束那些常常生事的日子，好好考慮未來吧。

看著媽媽憂心的眼睛，阿泰知道，若然再次敷衍拒絕媽媽，便會徹底地把媽媽再傷害一次。

「好吧。」

話音一落，阿泰終於第一次作出第一個負責任的決定。

18 噸重的責任

這一次上門拘捕，不旦使阿泰目睹了父母親對他的失望，也讓他真正地去想，這樣下去實在不是辦法，他說這樣冒險的日子「代價與生活不成正比」，不想再以人生去賭博。他又想到，以往在一起玩的朋友都成長了，慢慢開始改變。昔日的大佬也改回正行，同時他也看到不回頭的人，得到甚麼後果和日子，令他更不想走這歪路。

「好吧。」

阿泰決定入正行，當巴士學徒。後來他才知道，這一個決定，遠遠不只是肩付了對媽媽期望的責任。

起初阿泰只是為了讓媽媽不要再為他傷心而勉強上班，只是隨便找點正事做。他說原本他對巴士工程一點興趣都沒有，只是覺得很熱，很辛苦。

原本抱著散漫心情上班的阿泰，依舊每晚晚上精彩，與壞朋友聚在一起，早上施施然無精打采地上班。然而，他看著公司師傅對各項零件的細心和嚴謹，慢慢才明白到，自己在做的工作，不止是隨便拼拼零件，他們手中的一個細節，分分鐘影響著車上幾百人的性命。

每一部巴士，可重達 18 噸，坐 130 人以上。

「我阿爸都喺我整嘅車上面。」

阿泰認真地説。

隨著了解工作的重要性，他開始認真投入巴士維修的行業，甚至為了上班能有足夠精神應付工作以免出錯，他逐漸少與損友聯絡，更不再沾染毒品，全因怕吸毒後會睏倦，上錯零件造成意外。

這個曾經輕率的青年，現在每天都會為 100 條人命著想，整個人亦變得沉著了。而這個努力的改變，他第一件見到的回報，就是媽媽一個放心的笑容。

今天的他懂得不再怨工作辛苦，他説這是因為自己從前沒有努力讀書，現在做體力活，是為自己從前的行為負責。

阿泰説他希望可以再進修，重回校園，慢慢成為一個工程師，好讓家人安慰。阿泰到現時仍不想讓家人知道他以往的全部經歷，他不想在未來再破壞家人對他的期許。由此至終，阿泰心底裡也不想家人對他的印象摧毀，怕有一天再讓家人絕望會被放棄。

他從前的朋友亦鼓勵他找回正常的生活，而現在他面對誘惑時，懂得找社工協助。他更會以過來人的身分勸告朋友不要走他的冤枉路。他更會與當時朋友一起參加義工活動，一次他跟隨社工派發宣傳單張，受到路人的不禮貌對待，看見當時朋友準備上前爭執，從前最火爆的阿泰，現在是朋友間最冷靜的：「我哋係做義工，唔好搞事。」

看著他今天充滿責任感又穩重的神情，這位孩子真的長大了。

尋找價值的旅程

荃灣獅子會 李浩然會長

人與生俱來帶著尊嚴，因為這一份尊嚴，我們需要為人生尋找意義，追求他人以至社會的認同，彰顯存在的價值。有時年青人未能好好建立自己的價值，便容易跌入盲目追求認同的陷阱，透過做出大膽行為，去突出自己和得到他人的讚賞。正如阿泰的故事，無論在社團生活當「金牌打手」，還是後來做巴士維修工作，他最重視的始終是在群體中自身的價值。值得慶幸的是，阿泰終能在迷失後，懂得在正途中尋找自己的價值，而這也是每一個年青人成長中很重要的旅程。

常聽到老人輩會說這一代的年青人不追求人生意義，沒有夢想和目標，漫無目的地活著，極端的甚至會誤會歧途，白白浪費光陰而毫不在乎。年青人沒有理想，這個現象的確比從前普遍，然而，我認為這個狀況也不能歸咎於年青人。我成長時物質沒有現在豐富，而且兄弟姐妹眾多，父母忙於工作和照顧多個子女，不能把注意力集中於一位小孩。結果，這種成長環境下的孩子，自己需要為生活決定的事情

很多，久而久之便訓練出思考和判斷能力，亦懂得為自己的人生打算。

反觀這一代的青年，物質雖然更豐盛，而且得到的注意力很多，父母從小為子女決定很多事情。這種情況未必是父母的原意，而是現今社會給小孩的各種容許度比之前低了很多。孩子在每一個階段都有需要緊追的進度，沒有讓孩子自己跌碰和失敗的空間。家長會感受到一份壓力，在非常趕時間的成長環境，家長往往需要為孩子安排密密麻麻的生活細節。在孩子的角度，他們自小被填塞滿了別人給他的目標，已經忙得不可開交，沒有思考自我的空間。因此在成長後，他們仍不習慣建立屬於自己目標。

作為家長，我很明白當中的矛盾。一方面緊張孩子會不會落後於人，另一方面亦明白給予孩子自我空間的重要性，實在是不容易取得平衡。我有一位朋友，他很早便放手給孩子決定自己的事情，有一次孩子顧著玩樂忘了把書包帶上學，他便真的由他空著小背上學去！結果孩子付出了一天上課沒有書本的不便，但從此便學會了自己的東西要自己負責記好。聽到他的分享，我真的感到敬佩！

如果人生是一場尋找價值的旅程，這一代的孩子實在是比從前不容易，而這也是青年工作有意義的地方。希望我們可以在這個處處緊逼的社會裡，提供一些空間幫助年青人啟發思維，活出人生尊貴的意義。

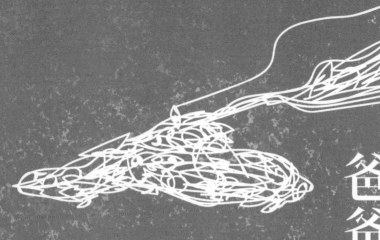

爸爸的眼淚

**❝人生就像一場旅行，
每段路都是一種領悟！❞**

—— 家欣

爸爸的眼淚

vvv

露天音樂節還未開場，場內外已站滿密密麻麻的年青人，手持酒樽的少男少女邊遙晃身體，邊準備更興奮的心情等待開場。音樂會場外，還有些每逢音樂節必定會捧場的「參加者」——毒品調查科警員和緝毒犬。

24歲的家欣和友人剛下車，便見到一頭緝毒犬，心虛的她小聲說：「喂有狗呀！」

眼利的警員總能從人們身體動作立即產生直覺，從遠處早察覺到家欣不自然的反應。

「咁遠怎能嗅到你！」友人答音未落，警察已經主動向他們走近。

搜身，當然是身上有東西了，警員從家欣的口袋中拿出一包一粒裝藥丸。

「這是甚麼？」

「Five 仔。」

音樂節震耳的音響愈來愈遠，家欣已被帶上警車，駛往未知的人生。

脆弱的保護者

「毒品、酒精、音樂節」這幾個組合，讓人立即聯想到一個白暴自棄，不理家人，不負責任的不良少年形象。而家欣的故事，正好完全相反。在眼前的，你看見一個談吐大方，溫又有禮的女孩，臉上掛著精緻合宜的妝容，而非叛逆誇張的濃妝艷抹。很多人自己把自己推到自作自受的處境，但家欣的故事，總是被外力加之她的命運，由一些不幸和冒失組合而成。

家欣的爸爸媽媽很疼愛她，父母選擇放任家欣做喜歡的事，不讀書也不要緊，比起嚴厲管教，媽媽寧願與女兒保持親厚關係，另一方面，母親實在也沒有更多的心力去管束孩子了。家欣的爸爸是個廚師，她自小關於爸爸的記憶十分矛盾，爸爸清醒時是個很善良的父親，然而他每一晚也會飲得爛醉回家。

酒後不但胡言亂語，更會飲到嘔吐大作才肯罷休，媽媽每天晚上就是尋找老公喝到哪裡去，有時爸爸被朋友抬回家，有時母親要出外接他，接到了丈夫後，折騰的一晚還未完結，爸爸回家後總是亂吐一地，留給媽媽收拾。

長年如是，母親為了孩子，每晚把孩子的爸爸拾回來湊回一個完整的家庭，多年來老公勸極不改，兩夫婦早已從感情轉為忍受，媽媽終於累了。

在家欣17歲的一個晚上，家欣在上廁所時看到母親的手機放在一旁，她一時無聊拿起媽媽的電話隨便瀏看，誰知她看到一則甜蜜短信。發送者當然不是她的父親。

家欣把手機的每一條訊息很冷靜的看完，對方送給媽媽的都是情書與甜蜜的歌詞。她很冷靜，一方面，她為母親終於有人疼愛感到安慰，另一方面，她知道這頭家終於到要散的時候了。

家欣拿著手機走出來：「媽媽，你有事情要和我說嗎？」

「媽媽一直以來都很辛苦。」

媽媽道來這些年來照顧這個家的絕望與心酸，心裡想只要等孩子長大了，便放過自己。家欣也很明白，親眼目睹母親這些年來的處境，沒有人比她更明白，她支持媽媽去過好一點的日子。

媽媽走了，是突然一下子的消失，家欣明白媽媽的決定，唯一覺得氣結的是她可以走的不那麼絕，對於爸爸而言，他毫無心理準備的失去了相伴多年的妻子，承受了很大的打擊。

在家欣心中，爸爸是個善良的人、一直會關心自己，但對家欣如邊緣青年的生活從不會加以責罵，是因為爸爸對她十分信任，相信生性的女兒知道自己在做甚麼，她總能感受到爸爸默默地支持她的一切。

那段時間，原本已經酗酒的爸爸，因為失婚的打擊而飲得更凶，但現在，就留下家欣去照顧了。家欣明白，其實爸爸是愛媽媽的，只是爸爸從前工作不如意，除了喝酒也找不到其他方法，結果讓家人那麼辛苦，爸爸自己也很難受。

媽媽剛走的期間，飲醉酒便會自怨，後悔留不住妻子：「叫媽媽回來好嗎？我走吧。」

看著爸爸的悲痛家欣很難過，卻也無可奈何，她知道也不應該勸媽媽回家，唯有陪著爸爸捱過這段日子。那段時間，家欣每晚都要打電話找爸爸，接爸爸回家，有次爸爸飲醉在街上跌到了，撞穿了頭，收到電話後，那一晚這個 17 歲女孩一個人漏夜趕到醫院，一個人奔波折騰，她清楚記得那一晚的情境，說著說著便流淚，一把辛酸的眼淚。

即使這樣，家欣也沒有請媽媽回家，她知道媽媽這些年來更難受，現在爸爸只是與她交換了位置，既然事已至此，無謂再多個人一起不開心了。

這個還未成年的女孩，從此肩負了另一個無法自理的大男孩的生活，那誰去照顧她呢。

兩次「藏毒」

在這樣的家庭環境中，家欣一直得不到心靈上的照料，如今面對家變，讓她更想找尋心靈的避風港，與其他因反叛或貪玩而結識不良少年的孩子不同，家欣只是想找朋友去依靠，只是當時遇上的，剛好是一群邊緣青年。那時，17歲的家欣，在家中樓下的便利店被一群街頭少年搭訕，那一班無所事事的少年常常找家欣到處遊玩，正能給予家欣陪伴和安慰。

那些日子，只要家欣有空便會與那班朋友一起打發時間，因為她不想回家，想起這些心煩的境況，那班少年年紀比她大，充當了大哥哥的角色，會接她放學，帶她到處去玩。雖然那些是有黑社會背景的人，但與他們待在一起，家欣感到一份安全感。在家中她被逼充當保護者的角色，在朋友圈子裡，她卻是被照顧的小妹妹。得到這份被照顧的感覺，他們是甚麼底細，一點也不重要。

小時候家欣是個體型肥胖的女孩，因為身型被班上的同學嘲笑排斥，上中學以後拼命地減肥打扮，希望洗去過往不受歡迎的形象，誰知那又變成了另一個極端，她變得拼命跟風，希望能融入別人的圈子，因為被排斥的經歷，家欣太害怕失去朋友，所以她習慣了無論朋友叫她去做甚麼，她都不會拒絕，包括陪伴朋友參加毒品聚會。

第一次被捕，是在一個郊外的毒品聚會，警察在她口袋中找到一包毒品，那時她 17 歲，她在一群吸毒的少年當中，其實那次她並沒有吸食。

在家守感化，家欣覺得沒甚麼大不了，只是每晚要聽電話，定期去驗毒。最難過的是父親知道後，覺得是自己害了女兒，因為沒有盡好父親的責任，而讓女兒走錯路，看見父親自責的眼淚，才是家欣最難受的。

17 歲的事情過去了，誰知在 24 歲那年，又再一次掉進漩渦，可是這一次她已不是未成年的小女孩，事情沒有那麼簡單了。

家欣在一次派對中，新認識了一位從外國回來的友人。派對中酒精與毒品不是甚麼新奇事，但家欣從來不會主動拿取或吸食。然而這一天，這位新朋友禮貌地送她一份見面禮：一粒 five 仔。他說這在日本是合法的，藥妝店也能買到，只是普通的抗抑鬱藥，與酒精一起服用便會很興奮。在一眾朋友眼前，家欣不好拒絕掃大家興，説聲謝謝便放在衣袋中。

原本她也想過要不要把這顆東西丟掉就算，她也沒有想過要不要吸食，只是想這也是值錢的東西，送給人也好，丟掉也太浪費。

於是乎，這顆小東西一直安好的在家欣的口袋內，直到隔天的音樂節會場，被警察翻出來。

被控「管有危險藥物」，這次糟了。

差一點坐牢

面對第二次被捕，加上 24 歲的年紀，今次家欣很可能要坐牢。

上庭前幾晚，她一直睡不著，除了想像獄中的生活，想到自己穿著囚穿的模樣，更可怕的是她害怕父親會不能承受這個打擊，在腦海浮現的是爸爸哭著飲酒，醉酒發生意外，甚至想不開的畫面。

她一次又一次向律師詢問，有多少機會會被判監禁，一直處於極其不安的狀態，直至上庭前一刻。律師看見眼前這個心地善良的女孩，很希望幫助她，這個女孩只是因為生活充斥太多煩惱，而沒有好好去想自己的事情。律師給家欣介紹了社工，希望家欣這次好好想前路，不要再讓自己掉入危險之中。

家欣這次也真的明白不能再混在那個危險圈子,她真的絕對不可以再犯事了。23年來,她發現自己沒有好好想過前路,一直與朋友混在一起,靠朋友介紹的短期工作過日子,沒有學歷的她又找不到正規的工作。家欣想到,父親已經65歲,仍然每天在工作,如果自己早點生性,從前有好好讀書,現在已經大學畢業,可以讓父親安享晚年。如今不止浪費了光陰,還面臨牢獄,父親要怎麼辦呢。如果有紀錄,將來可能不能升學,甚至影響家人的前途,家欣問自己,為甚麼這麼蠢。這段時間,她與社工談了很多,在過程中更深入地了解自己,社工為她整理過往的經驗,她才發現一直以來的決定都沒有經過理性的思考,更多時只是盲目地被朋友帶著走,而且很多時候沒有危機意識,最終鑄成大錯。

如果有機會,她很想可以重新來一次,她一定會認真做人,為未來努力。

法官給家欣最後一次機會,相信她可以重新做人。家欣除了感恩,還是感恩。

現在 也不遲

得到第二次機會的家欣，認真與社工討論未來的路向，一步一步希望把人生推回正軌，這次經歷讓她學會了冷靜思考，日後作出決任何決定，也會先停一停，先諮詢別人意見，從不同角度理性地了解和分析當中的危與機。她也遠離那班貪玩的朋友，重新建立健康的圈子。她信相只要努力，現在也不遲。她現在是毅進課程最勤力的學生，雖然坐在身旁的都是剛完成公開試的孩子，25 歲的她顯得成熟，除了年紀，更重要的是現在她很清楚自己要做甚麼。家欣期望日後有能力照顧爸爸，又或當媽媽新生活出現問題時也可以照顧媽媽，現在家庭責任不再是一味想逃避的壓力，而成為驅使自己加倍用功的動力。

她正在報讀營養學課程，從前最大的努力就是打扮和減肥，以前是為了出去玩，但既然用各種方法減肥多年，經驗這麼豐富，社工問她，何不把自己的專長變成事業？家欣希望將來能成為營養師，她終於找到了結合自己的興趣和實踐方法。如今的朋友都是健身室認識的健康青年，希望隨著知識和經驗的累積，慢慢走向成功。

家欣說：「人生就像一場旅行，每段路都是一種領悟。」

這些經歷，推動著家欣走向更堅強的人生。

評審回應

小孩的重擔

新生精神康復會行政總裁 馮丹媚女士

家欣的故事讓我十分動容，這位女孩子對家人在無私的愛，實在是讓人既心痛又矛盾。父母絕大程度決定了孩子的童年，一個人的童年快樂與否，與家長的照料方式關係密切，甚至深遠地塑造了一個人的人格。

家欣的故事令我留下很深體會：有時小孩在一個家庭中，往往是最忠誠的一個。家欣的父親雖然疼愛她，但酗酒成癮，自理也成問題，無法關顧孩子；而她的母親則選擇脫離這個家庭，找尋自己的幸福。而家欣選擇無條件支持她的父母，不但諒解母親的決定，亦願意從此肩負起照顧爸爸的責任，其實是犧牲了自己，成全媽媽的自由。有時即使成年人無奈選擇放棄家庭，孩子對父母的愛，依然那麼純粹，甚至感到她的偉大。

早熟而懂事，很早便學會反過來照顧父母的現象，我們叫作 Parental Child，作為青年工作者總是為此感到矛盾。這些

孩子很善良，願意付出自己去守護家庭，可是，過早承擔一個家庭的責任，只為家人設想，往往容易忽略了自身的需要，在不知不覺中透支了自己。於是家欣為了尋找壓力出口，盲目地依賴朋友，最終闖禍。

雖然家欣在最後得到覺悟，決心遠離危險的生活，但我看到，在這個故事後面需要的是更深的覺悟，其實她真正需要是一場內心的察省，覺悟自己的需要，尋找屬於她的生命動力來源。到了現在，家欣的動力來源和目標仍是以家人為核心。相對她的媽媽而言，媽媽是選擇了脫離負面情緒的漩渦，其實這也是正面的選擇。而家欣為代替媽媽的角色，把生活的核心都放到家庭裡，在於個人的情緒健康而言是不理想的。家欣的故事仍然讓我感到擔憂，擔心這個女孩未來的擔子會愈來愈重，如果沒有心理能量的來源，有一天可能會被拖垮。在社會的角度而言，如果我們能提早發現這些孩子的重擔，相信可以免去很多不幸。

我很希望對家欣說，請不要只為人付出，也要為自己注入幸福，您要知道您自己其實無比重要。希望她能在漫長的人生中，找到自己的重心和盼望。

愛，是人的本能。但同時亦需要學習，在充滿困難的環境中，我們要學會如何愛別人，更要學會愛自己，才能走出屬於自己的美麗人生。

天涯海角

"成功沒有捷徑，
唯有堅持與意志力！"

—— 晉仔

天涯海角

〰〰

在熙熙攘攘的羅湖口岸，一位個子矮小的 13 歲的小童，沒有家長陪伴下熟練地過關，行裝輕便的他手中只提著一個紙袋，紙袋上放著一件外套，一個人走過深圳橋，沒有半點緊張。這裡説的沒有半點緊張，不是指他沒有家長陪同下勇敢地獨自穿州過市，而是因為他的紙袋內的外套底下，放著的是一公斤海洛英。

自尊 心

如果「飛仔」的特徵是舉止故作成熟、髮式誇張、出自 band 3 中學，晉仔是完全相反。晉仔長著一張稚氣的圓臉，斯文的典型學生髮型，發育較遲的他升上中學身高仍然像一個小學生，來自區內一所 band 1 名校，就算警察要抽查，也絕對不會找到他。

在家中，晉仔同樣是一個乖仔形象，他的母親是位新移民婦女，夜班清潔工的她也不知道兒子原來晚晚也外出不歸，甚至晉仔身上的衣飾全換上了名牌，她也沒有懷疑。只知道兒子最近讀書成績變差了，兒子從前是村裡小學的第一名，自從他升上市區的中學後，成績便一下子跌至包尾，愈是追不上便愈無心向學。媽媽嘮叨多了，母子也多了磨擦，慢慢變成了彼此僵持。晉仔的爸爸，自從被兒子偶然撞破了外遇後，對他相當「客氣」，晉仔為爸爸隱瞞關係，兩父子從此識趣地不過問對方在外頭的混帳。

中學以後，晉仔一下子從村裡的精英學生，變成成績最差的「笨孩子」，偷偷努力了仍是追不上，於是，他寧願當個「壞孩子」，告訴人家是因為自己選擇不讀而已，而不是沒有能力，以此挽回一點自尊。

剛巧，晉仔的這所「乖中學」，正對面就是以全區最多頑劣學生而有名的學校，兩所學校中間隔著一個球場，這個球場遇上穿梭往來的孩子，如清水與濁水混和的瞬間，相撞一刻，改變了水的性質。晉仔本來就感到自己無法成為band 1 學校的一分子，遇到對面學校這批不良青年，正好解救了他的落寞，晉仔找到了屬於自己的圈子。

在好學生的世界，成績無法名列前矛被給予肯定，而不良少年的圈子有截然不同的價值系統，誰放縱，誰夠膽就是犀利，這兒不講成績而看牌頭，穿名牌波鞋戴貴錶的就是威水，無論在任何群體，人總是愛互相比較，不論是成績還是物質。人總會自然地把自己分流到不是總被比下去的位置，當然，晉仔很快便投入了後者。

從一克 到 一公斤

鬥放蹤，晉仔開始不上學，成績愈差愈有性格；但物質呢？晉仔唯有開口問母親拿額外的零用錢。在媽媽看來，孩子成績又差，又頻頻要拿錢，當然是很不滿意，吵架次數愈來愈多。每次又拿錢，媽媽也抱怨孩子成績那麼差，憑甚麼還好意思拿錢。

「好呀！既然係咁，我唔使你養！」晉仔老羞成惱。

這位當年 13 歲的男子漢，說了就要做了。那天他離家出走，決定不再攤手問母親拿錢，但 13 歲，連快餐店兼職都做不了，可以去做甚麼呢？

起初，他經朋友介紹，做貨倉的非法工人，由於這班童工未符合合法年紀，判頭也以較低的薪水聘用他們，但工作是同樣辛苦。個子細小的阿晉，不消三兩天就受不了。

苦力做不來，但錢還是要花，朋友又介紹他到地下賭場「睇水」，這次他負責站在街角把風，雖然人工高了許多，但當「睇水」一站就是一個通宵，一整晚站在馬路食風，更慘的是沒有時間跟朋友玩，那他賺錢不也沒用了。

晉仔又問朋友，還有甚麼工作介紹？又不用搬搬抬抬，又不用長時間工作，又要人工高夠他買名牌，工作環境又不辛苦，世上有這樣的工作嗎？

有，運毒。

第一次「開工」，只是受人所託，把一克小小的毒品放到書包裡，走到後巷某處交收便完事。不消一個早餐的時間，便可以找到其他工作幾天的工資。

晉仔覺得這件事實在太簡單了，個子細小孩子臉的他，走在路上不會有人起疑，早上上學前把毒品順路遞一遞給人，自覺真的一點風險也沒有。

他的大佬當然也看準了晉仔外型上的優勢，加上他毫不膽怯的心態，慢慢給他多帶一點，再多一點，後來直接給他一大件貨自己處理。

當時，錢多得無地方用的晉仔，常常跟朋友到澳門胡亂消費，他們認識了澳門娛樂場所的人，知道原來當地常常很缺貨。

那些公子哥兒在賭場酒店開 party，少不免加些酒藥助興，他們與香港街上那些無錢又要逐次逐次叫少少的道友不同，這些人有錢玩，多多都花得起，不在乎價格。同樣分量的毒品，在澳門能賣十倍的價錢，碰巧剛剛當上拆家的晉仔要找地方散貨，澳門便成為了一條新財路，看準凌晨時分過境，通常沒有職員理會。那時一晚最高可賺到別人打工半年的薪水，然後豪賭吃喝聲色犬馬，兩三天又把錢花光。他們甚至在澳門租了一個單位做私竇，甚麼最新的遊戲機、電視音響機統統亂買，當然還有大量不敢放在家的奢侈品。

那時晉仔感覺到一份無比的優越感，隨便就能買下一隻名貴金撈，很多人 33 歲也沒有他區區 13 歲的生活水平。

承著優越感，便愈做愈勇，一周來往澳門三四次，輪流換人不停帶貨。這班人早就被澳門的司警盯上了，終於，有一次他的同黨被截到，心虛之下把整個運作甚至單位地址都說出來，單位的物品當然全部充公，短期內他們不能再去澳門，於是財路也被斷了。

但奢侈的生活已經不能回頭，他決定返大陸。

這次再上一級，不是送貨，而是取貨給拆家。不用找客人散貨，時間成本更低，利潤更是再翻好幾倍。因為這樣做的成本，已是是關乎性命風險。跟據內地法律，凡帶超過50克毒品，不論年紀，可判處死刑。晉仔隻身一人，回到內地，然後提著一公斤的海洛英，趁凌晨時分過關回港，那包塞滿大半個紙袋，價值相等如一座海景單位的海洛英，就放在一件外套底下輕輕蓋著。晉仔繼續利用他稚嫩的外表，即使內心緊張的節拍重重敲著，他仍能神態自然地過關。

「麻煩停一停，想睇下你個袋係咩嚟。」

完了。

晉仔的心情，一刻之間如放進了冰窖，腦海一片空白。

天涯 海角

進入壁屋懲教所時，晉仔剛過 14 歲生日，「14 歲衰一公斤」這個神奇事蹟，成為被人廣泛議論的佳話。

而這個打靶也不怕的小孩，這一刻開始後悔。他想，事前完全不知情的媽媽知道之後會是怎樣的打擊？他堅持自己是無辜的，是不是可以讓媽媽少傷心一點？

那天被捕後，海關通知家人後，便載晉仔坐豬龍車回家搜屋，媽媽一開門，看到的是扣上手銬的兒子，除了難以至信和傷心夾雜眼淚，甚麼話都說不出。爸爸先是大力拍台，「我冇畀錢你咩！」罵聲未完，便激憤地哭了。晉仔只好低頭，看著套在手上的手銬，沉默無語。

還押的 8 個月期間，雖然家人每天來探望，每次見面都流淚，晉仔心裡還是不能面對家人，一時之間由一個良好中學的好孩子，變成一個被押到監房的疑犯，他不能適應自己形象在父母心中的落差，有話對不出。加上候判期間，不認罪的他以「不知情」為理由抗辯，有一絲希望以 13 歲的年紀，法官會相信他只是一時天真口袋放了不知甚麼。由於不能向任何人坦白犯罪的真相，連「對不起」三個字也不能真誠地說出口，對著心中最歉疚的人有口難言，是晉仔心裡最大的折磨。

法官沒有接納晉仔的證供。他被判入歌連臣角懲教所，那裡又被稱做「天涯海角」，在柴灣的最側邊，懲教所建在臨海的山崖上。一個月可以探望四次，父母每次來探望他，來回要四個小時，錯過了小巴，必須徒步走上山崖，不然便會過了探望時間。即使山路崎嶇又長，父母也會頂著烈日一步一步走上來，為的就是見孩子一面。每當他想起父母在山腳下遙看著這個天涯海角，要走到孩子被囚禁的地方，作為爸爸媽媽的在這一條痛心的路上，是如何的心情。

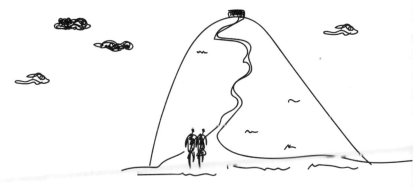

「對不起。」

晉仔第一次在家人面前哭了，終於能夠坦承自己的過錯，向家人真誠地道歉，內心的防禦釋懷了，這次是他自成長以後，與家人真正地談話。這些眼淚，是愧疚，也是感激，傾出的淚水是因為終於張開了眼睛，看清楚家人對他的愛與付出。那一刻起，他已不能再當一個心盲的孩子。

這些日子以來，無止的眼淚成橋，接通了彼此的心靈，父母與孩子之間的心結解開了。晉仔開始每天很期待能見到父母，甚至不敢在探望名單中寫上其他人的名字，怕有別人來探他，父母會辛苦白走一趟。日子過去，彼此愈談愈多，也愈來愈寬容，父母也由悲哀，變成了積極的打氣，鼓勵孩子在獄中表現良好，便可以快點出來團聚。只是，在笑語之間，晉仔還是發現爸爸媽媽老了，白頭髮一日比一日多。

表現良好

晉仔的刑期是 6 個月到 36 個月，表現良好便能出獄，他被編派到到廚房工作，在獄中可以考試，每張證書能減兩個星期刑，晉仔每天認真應對廚房工作，希望能給阿 sir 留下好印象，又考了兩張關於廚師和廚房管理的證書，最後坐了13 個半月便獲釋，出來時已經16 歲。

廚房工作非常艱苦，十個人為全倉百多人準備每天食物，又要零下一度洗後欄，為了能盡早自由，多辛苦都要繼續做，凍到手都傷了，都不能怠慢。這段時間，是晉仔十多年來最用功的日子。他的努力被阿 sir 看到了，其他人便對他不滿，晉仔負責的東西總是被刻意整亂，他也唯有忍，等到那些滋事者出獄後，慢慢他便做了廚房中最資深那個，他決定重新定下規矩，不再打壓新人。

説到獄中的回憶，晉仔口中滿是辛酸，然而有一點，他是笑著說的。晉仔說自己由零開始，認真學習煮食，阿 sir 也看到他的認真。在新年和中秋的大時大節，那些阿 sir 更會指定讓他煮些好菜食給他們吃，更讚晉仔的廚藝了得。晉仔終於感到，付出的努力得到欣賞，只是想不到是在這樣的餐桌上，找到自己的成功感。

那種成功感是花錢也買不到的，他後來才明白，即使用錢穿得滿身名牌，那種只是虛榮的心情，除下了外物，那些快感便留不住了。唯有腳踏實地，憑內在的修養和努力，被別人看見的成功感，才是真正的快樂。

晉仔在獄中聽了好多人的故事，有人因為自己引誘女朋友吸毒，女朋友最後瘋了，至今仍懊悔不已。他想起自己從前害了很多人，那運回來的毒品，間接讓不知多少人家破人亡，只是為了得到一時的奢華，值得嗎？他說，在囚中，所有人都穿同一樣東西，用一樣的，甚麼都一樣，其實人都是一樣，物質本是虛無。沒有金錶，沒有波鞋，他卻在這裡，因為別人欣賞他煮的一餐而快樂至今。

這一刻，我們看到的不是一個甚麼風雲毒犯，而是一個單純的孩子，因被大人讚賞而快樂。只是走了一段冤枉路，尋找過太多東西才發現，原來心靈的滿足，是這麼簡單。

後來

「終於有書讀了。」

雖然這個故事有點曲折，但如同每一位青年一樣，晉仔也是在他的路上，追逐一段尋找自己的過程。原來自己那麼期待上學，他的中學校長感到晉仔的悔過，決定讓他返回原校重讀中三，然而原本比他小三年的妹妹，現在也升上中三了。一來他怕影響妹妹，二來場面也實在有點太滑稽，他選擇到了一所偏遠的離島中學，放開五味紛陳的過去，靜靜地重新出發。

沒有孩子一出生就是邊緣青年

香港扶幼會許仲繩紀念學校 黃仲夫校長

每一個孩子起初都是單純的,孩子總是希望能表現自己,畫一幅畫、唱一首歌,也得到大人的認同和讚賞,即使到了青春期,對於父母、師長的依賴程度會降低,但是仍同樣渴望被肯定。小孩子總會努力去完成大人給他們的期望,沒有孩子一出生便是邊青,當中一定是有些東西出了問題,慢慢地把他們推離主流社會模型愈來愈遠。

從晉仔的故事,我們可以見到 個學生在學校變壞的典型進程。晉仔小學階段成績不錯,可惜在升中後適應不良變得反叛,最終踏上犯罪之路。從我們的教育經驗看到,同學們變成問題學生是常常有一個「時間表」,通常在中一的聖誕開始認識損友,中二便爆發行為問題,到中三最反叛,完全不受學校管教,甚至犯更嚴重的罪行。小學升中,是學生按能力分流的過程,往往會有學生剛剛達到 Band 1 水平最下游,被安排進入了 Band 1 學校後,成為學校裡能力水平對相較低的學生。在這種情況下,可能原本是高材生

的學生變成「包尾」，青年不懂得適應突如期來的變化，既面對很大壓力，亦在學校中找不到自己的定位。他們需要重新界定自己的價值和表現自己，有些會選擇用搞破壞的形式去獲得注意，故意以反叛形象去掩飾學術能力不足。若不及時照顧，學生的能力和動機亦會下降，日子久了更難追回水平，學生便慢慢被更邊緣化。

像晉仔這種變壞的例子十分常見，也很令人心痛。其實他們的故事，也反映了教育不足的地方。傳統學術型學校絕大部分資源專注在催谷學生的學術成績，有時可能忽略了道德教育。學校只會表揚成功的同學，卻很少會注意中下游的同學，教育學生如何面對失敗。但這正是人生路上必須而且極為重要的一課。相比起教導學生如何成功，教導學生如何成長也是很重要的。當學生的價值觀內，成績是唯一被推崇的能力，當他們沒法在學術上得到認同，整個脆弱的價值系統便會崩潰，很容易受損友影響，建立不良價值，甚至為了得到另一個圈子的認同，而做出犯罪行為。若然學習教育可以及早為學生建立整全的價值觀，讓他們明白自己的價值和發展是能夠多元的，學生在學校的價值不止是考試成績，成績未如理想不代表失敗，「仍需努力」並不是一個貶義詞。

在一切都講求量化的教育現實中，品德教育的確是很難實行。在群育學校的工作是把邊緣青年拉回社會正途，有時我會想起電影《舒特拉的名單》，作為教育工作者，常常提醒自己要以「救一個得一個」的精神，即使困難亦把快要跌入深淵的邊緣學生拉回來。若然及時向他們伸出援手，可能改寫一個青年的一生。

然而除了拯救邊緣學生，我們可以回到基本思考一下，在這個精英主義的教育模式下，主流學校出現那麼多的邊緣同學，是不是制度本身也值得改善呢？

毒戒

66 不可一‧，不可再！ 99

—— 智仔

毒
戒

∿

不少人在 30 歲左右迎接自己的人生高峰，累積了一定經驗，
行業中有自己的想法，機會愈來愈多，賺的錢翻了幾翻，開
始感受到從前只能仰慕的生活質素。這種衝上事業「黃金時
期」的滋味，智仔 15 歲便感受到了。電影中從事毒品生意
的黑幫人士，總能如電影名稱般「隻手遮天」，名望與金錢
同時盡有。在智仔的故事中，毒品生意的確讓他風光一時，
但這「一時」是有多久呢？我們要告訴你一個由高山跌向
低谷的故事，幸而這一跌，有位好朋友為他接了一把，沒
有讓他粉身碎骨，反而看清一切所謂風光，重新做人。

很多被毒品工作吸引的年青人會想，既然錢那麼易賺，為甚
麼要做一份正當的工作？問題是，沒有人會問，其實你可以
做多久？這個故事是除了被捕入獄之外，另一種結局。

相依為命

「我在做毒品拆家。」一天出門「工作」前，智仔如實地告訴媽媽。

智仔從來沒有見過親生父親，自小與媽媽相依為命。為了維持家庭收入從早到晚辛勞工作的媽媽，與一般家長不太一樣，她早把一切都看得很化，人生總不能事事如意，孩子不讀書不上學，她勸不到也不強求，只求智仔能健康成長。

母子之間有著默契，明白生活逼人，所以互相體諒，心裡明白媽媽辛苦的智仔從不會與媽媽故意頂撞，媽媽的叨絮他也會好好聽完。自從中三因逃學多月被學校踢走了，智仔便開始自己賺外快，媽媽一再問他到底在做甚麼工作，原本智仔也不想多說，但面對媽媽苦苦關心，智仔怕再隱瞞下去會讓媽媽傷心，所以便講出了真相。

「毒品拆家。」

聽到這四個字，媽媽先是呆了。張開口看著兒子半響，才能繼續說話，苦苦相勸，當然沒用。

「求求你不要出事。」

只得這個兒子的她，只能帶著痛心這麼說了，就算責罵他，也只會讓她失去這個孩子，現在她只祈求兒子每天平安回家。智仔只告訴媽媽自己以販毒賺錢，沒有告訴媽媽自己也有吸食的習慣，希望媽媽不要更擔心。

不用再藏東藏西，媽媽也對兒子的工作「隻眼開隻眼閉」當看不見，智仔以自己的家作為基地，一步一步建立自己的小毒品王國。

「高山」、「低谷」

當初接觸毒品，是因為剛剛退學，無所事事又沒有錢花，一位朋友問他要不要搵點快錢，原來是拉他去幫人運毒，這位「介紹人」，當然自己也有著數。從那時智仔便由低做起，聽電話收到 order，便問老細取貨，派貨也是他一手包辦。

雖然人工已經很不錯，但精甩邊的智仔心想，替拆家工作，不如索性自己做拆家？賺的錢更多，而且更自由。於智仔便開始計謀，把上線的客戶搶到手，他把接單的號碼飛線到自己的電話中，然後自己取貨分派，轉眼間便把所有客仔收到自己名下。

這樣做當然會得罪人，智仔說如果不是當時的大佬看顧他，這樣做肯定「醫院走唔甩」。當然，在那個「誰惡誰正確」

的世界，智仔明白自己當時所跟的大佬勢力相當，所以才敢這樣做。

「沒有安全感」是他回想那時生活最大的感受。自立門戶之後智仔從新計算成本和風險，想出一個他認為最安全的方式。為了不讓搶客事件重演在自己身上，他不想僱人送運。於是他想出一個方法，以更低的價錢出售毒品，但要客人「上門自取」，他會把毒品放在某個樓層，在特定地方收了錢之後，讓客人自己去取，如此他便減低外出的風險，交收毒品也沒有容易被抓到。他甚至為每位客人編定不同的收貨地方，分散風險。這種思想「精密」的程度，如果用來好好讀書分析試題，相信他年年考第一是沒有疑問的。

在毒癮發作的人眼中，誰手中有毒品，誰就是神。

那時的日子，智仔每天被哀求，可能求他借一份，或便宜一點，那些人只要得到毒品便讓他放下自尊，做甚麼都可以。慢慢地，他覺得理別人求他是理所當然的。

「冇得平，唔借。」

「你今日買一下就以後不要找我！」

生意好，智仔更是心高氣傲，那些沒有能力細客，他當然不放在眼內。但同時，他也對這些人產生了好奇，到底是甚麼驅使那些人，可以放下一切，只求一口毒品？為甚麼幾口毒品，能有如此深重的吸引力？原本只是淺嘗過毒品的他，因好奇心而加重吸食分量，不知不覺便由一個拆家，變成一個重度用家。

不久之後，智仔的生活，除了毒品便甚麼都沒有了，天天與女朋友在家吸毒，他也沒有其他朋友，怕朋友信不過，知道他的地址會向警察爆料，除了送貨也不敢隨便外出，怕被外人認得會吊他尾跟他回家。那時受了毒品影響，他每天都疑神疑鬼，不相信身邊所有人，販毒的生活，使他與除了女朋友以外的所有人斷去了連繫，那時與他一起吸毒的女朋友，成為了他世界的全部，生活的一切寄託。

然而他也因為毒品問題，常常與女朋友吵架，女朋友會不滿他過度吸食，又埋怨他「無心工作」賺的錢愈來愈少。因為疑神疑鬼，智仔甚至曾懷疑女朋友偷了他的錢，兩人的矛盾加深，女朋友很快便受不了，跟他提出分手，受情傷的智仔因為心情煩悶，一下子失去了生活寄託，便更加愈吸愈多，他說他當時賺的錢都「吸晒落肺」，毒癮深得一清醒了便要吸第二口毒品，跌入他一生最低沉的日子。

曾經他以為可以自己風光一世，然而這一切都是假象，販毒是一種不可能留在頂峰的職業。由高峰時候慢慢跌入谷底的時候，他便明白了。

人說一命二運三風水，他們做偏門的都很信命，有時運氣不順，一切便如兵敗山倒。智仔那些付得起錢的大客，能賺到那麼多錢又會吸毒，自然也不是做正行的，遲早也見監房，那時他的主要客戶剛好都被警察捉了，一時失去了重大的財源支柱。

而那時毒癮已深無可深的智仔，漸漸入不敷支，開始要以自己從前賺下的錢來買毒品。

不久之後，一個從前常常向他餘數的細客突然有一天問他要24份毒品，不多也不少，24份，連同之前欠他的錢會一次過清數。智仔也自覺有些古怪。但這也是張不錯的單，也不能多想，便相約交收。

「那麼多人，開 party 嗎？」那時智仔以為是在放蛇，而他身上並沒有毒品，就算是警察他也不擔心，他走過去原是想知道誰人出賣他。

「係呀！開 party 呀！」

這句還未聽清，智仔下巴已重重地中了一拳。接著被這群人輪著毆打，原來這群人是來搶他的，黑吃黑，當然不需要講甚麼道德。

貨沒了，一身傷也不是讓他最氣憤，氣結的是那些打他的人都是他原本的客人，打他的人欠他貨錢，索性搶他一次便以後不再找他。這麼一搶，那班客人當然全都沒了。

「以前我會想，別人求我給他毒品是應分的，沒有想過，原來只要一朝，便可以變得一無所有。」智仔說那時只覺得委屈，還未明白那時的所謂風光完全只是僥倖。

沒有生意，但毒還是要吸，賺到的錢一下子便花光了。生意一場空，剩下只有毒癮的折磨。

這個所謂「風光」時期，只維持了不夠一年。而當天介紹他入行的人，早已被在監房中了。

走投無路以後

除了吸毒，他甚麼都不想做，女朋友走了，錢花光了，又找不到新的門路，從前的酒肉朋友當然不會理他。但讓智仔最痛苦的，是媽媽在後梯樓發現了他吸毒，起初智仔也否認，但媽媽說原來已經跟蹤他好幾次了，智仔終於無從辯白，這次媽媽在他面前情緒崩潰了。他從來沒有想過，原來吸毒會讓媽媽那麼傷心。那時他終於開始反思，吸毒不單苦了自己，也令他最著緊的媽媽受苦，這是他最不想看見的。起初，他決心戒毒，是為了想追回當時的女朋友，那時他一心覺得，只要戒了毒，東山再起，女朋友便會回來他身邊。

在苦悶難耐的時刻，他聯絡了很久沒見的好朋友，一個他學壞之前的好朋友。那位朋友當時聽到他訴苦，認真地勸他戒毒。

「為甚麼我要那麼辛苦，讓媽媽那麼傷心？毒品讓我失去了女朋友，失去所有人與人之間應有的關係，更重要是失去了媽媽的信任，值得嗎？以前以為錢最重要，原來人與人之間的關係，才是我最重視的。」

心中未出現「戒毒」這兩個字之前，他還苦苦想著怎麼翻身賺錢，好讓他能買毒品，他也變成了一個為了毒品，甚麼都可以做的人。

那位朋友當兼職倉務員，收入不多，聽到智仔要戒毒，那位朋友主動從戶口拿了他僅有 4000 元借給智仔，告訴他先不要急著為錢又做偏門工作，用這筆錢暫時好好過正常生活，把毒癮戒掉。

從前一個月掙十萬也不是難事的智仔，一萬幾千元對他來說並不算甚麼，但他拿到這 4000 元，感到無比的重量，那一刻的感動，更堅定了他對戒毒的決心。在一無所有的時候，仍然有人願意信任他那誰都認為沒有希望的未來。

那位朋友當時還介紹他到自己打工的貨倉幫忙，但智仔只能撐到半天，毒癮又起，根本工作不了，便丟下工作回家睡去，那位朋友被甚至被工頭怪責，但他沒有生智仔氣。

這位單純善良的朋友，曾經在智仔眼中是個不懂玩樂的傻子，覺得自己能賺那麼多錢，比他聰明得多。如今，他只希望能像這位朋友一樣，過回單純的生活，原來一直以來，自己才是傻的那個。

這次，他決心回鄉戒毒，媽媽幫他安排了鄉間的親戚照應，這次他下定決心，要逼自己在一個不可能接觸到毒品的地方待到毒癮清掉為止。起初差點精神失常，腦海除了毒品，便甚麼都沒有，食煙食到頭暈作嘔，才能頂住毒癮。毒癮也使他食慾全無，也不能睡覺，1.8米高的他瘦得剩44公斤，揭開衣服能看見每一根骨頭。花了幾個月，終於捱過了最艱苦的時刻。

再活一次

從鄉下回港之後，甩掉了毒癮，智仔才有空間思考一下自己的人生。他才深刻地感到前整個生活只是毒品，根本不算生活。現在，他明白世界還有很多可能，原來戒毒只是為了追回女朋友，因為那時他的世界只有那一個，現在這些對他已經不再重要了，他覺得世界很大，還有很多東西值得追尋。

智仔説，「可一不可再」這句標語，以前以為「很求其」，其實很有意思，因為吸食毒品的興奮只有一刻，除此之外，毒品帶來的只有想繼續吸食的感覺，讓你不能回頭。他希望告訴所有人，與其那麼痛苦地戒毒，不如一開始便不沾碰這條「毒戒」。

返香港後，還未有錢還給朋友，那時他想重操故業，今次的工作只是替人包裝毒品，那一刻，他突然想記那個朋友當初為何借那 4000 元給他，心中覺得很對不起，告訴自己不可以接觸有關毒品的一切。他亦想清楚了，如果自己有事，以後的前途不止那些小利。朋友也不介意他慢慢把錢逐少地還，於是他便的起心肝找一份兼職，過正當的生活。

不時聯絡智仔的社工姐姐，原本每次都只得到冷淡的回應。今次智仔主動問社工未來應該如何是好，社工勸他不如重拾課本吧。當時已經 18 歲的智仔，想起自己中三也沒畢業，看到原本帶他認識壞朋友的同學，在 IG 上載畢業禮高高興興的相片，他只感到一陣唏噓。

「如果唔係冇讀書，就唔會有以後嘅事情發生。」他感歎地總結，話中聽到他無比的後悔。

他對社工說，他只想做個有用的人。社工姐姐為他幫他安排重新上學，為他找學校。他說如果不是有曾經的谷底，可能不會想自己可以做個有用的人，可能現在還坐在公園無所事事，要媽媽給錢過生活。現在的生活有了目標，開心很多。社工的用心幫助讓他很感激，使他重新建立了人與人之間的情感與信任。

「幾廢都好，有交稅，都起碼唔係一個廢人。」他笑說，現在他準備讀會計。他那麼精於營運，我們在場的人都覺得會計這份工作最合適不過。

回想起來，他那時自創的「營運模式」是不是那麼低風險呢？讓客人來他的家收貨，看起來很像很聰明，但他滿屋都是毒品，警察只要跟著那些客人走到這座屋邨，一個放蛇尾隨他回家，他便玩完了。或許，是媽媽天天向神明祈求，冥冥中保佑了他及時回頭而已。

評審回應

改變的力量

香港青少年犯罪研究學會秘書長 黎定基先生

在眾多種犯罪之中,最難回頭的,是毒品相關罪行,因為當中除了涉及朋輩影響,還有身體的毒癮反應。協助年青人戒毒是不容易的事,加上毒品能為他們賺取快錢,各種強大的拉力使很多年青人在毒海來來回回。正如智仔明白為了毒品,當時幾乎放棄了生活的一切,可幸的是,他能決心戒毒回頭是岸。從智仔的故事,我們也能從中看到協助年輕人改變的力量。

要讓一個青年徹底改變,要從他們的內在和外在著手。年青人容易受朋友影響,常常為尋求認同而追求物質,甚至不惜以非法活動換取名牌。在外力因素方面,以良好的人際關係,為青年提供新的認同感十分重要。良好的朋輩支持,能有效幫忙他們脫離不良圈子。正如智仔的故事,他在迷失時及時找回從前的好朋友,那位好朋友為他提供了正向的動力,甚至實際的支持,為智仔心中提供了依靠。因為這位朋友的影響力,他答應對方不再吸毒,成為他日後面對引誘時內心定力的來源。

朋友的影響力固然大，但這也具變動性，只依靠朋輩支持是不足夠的，一旦青年進入新的圈子，亦容易再受到動搖。要改變人的價值，必須由內在著手。我們觀察到邊緣青年很多時都有共同特質：他們欠缺目標，缺乏興趣與動機，對生活除了物質享受，沒有其他想法。我認為這些問題都是源於他們欠缺思考的習慣。我很鼓勵年青人能多閱讀，無論閱讀甚麼書籍，亦是一種默視自己的過程，在閱讀過程中，不同的概念能刺激思考，當人的思考提升，培養了思考的習慣後，自然能強化自我意識，使青年對自己有更多看法和期望。

很多年青人之所以會犯事，是因為對自己完全沒有要求，甚至不在乎自己生命的價值。生命價值的建立，必須透過反覆思考，認識自我推至人與社會的關係，才能一步一步建立。一旦自我價值建立，人便會對自己有要求，正如智仔說賺取正當金錢，至少能交稅，這也是他察覺自身在社會之中的價值的開端，因而感到踏實。年青人真正的改變，在於能建立人生目標和價值觀，才能成為源源不絕的內在力量來源。

珍惜之路

「向前走，不管有多難，
都不要放棄！」

——阿輝

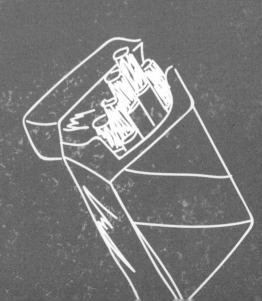

珍惜之路

\/\/\/

「珍惜」是一種主觀的心境,即使有些東西客觀而然十分寶貴,若沒有被好好珍惜,亦會失去它本身的價值。珍惜也是一種學習過程,人明理過後,才能感受到生命中千千百百項事情當中,某一些事情尤其重要,這就是珍惜。以下這個故事,是一條崎嶇的路,教會一個年輕人徹悟了「甚麼是珍惜」。

不被信任的孩子

我們常常會質疑小孩怎麼會「學壞」,有時責任也不全然在小孩身上,我們也可能要想想,孩子在成年人設計的教育當中,為甚麼不能「學好」呢。孩子在成長過程中得到充分的肯定,長大後也會傾向正面,相反,若然成長期間接收到

的訊息是以負面為主，他們很容易會自我認定自己就是「不好的人」，繼而不自覺間選擇了一條錯的路，阿輝可能就是其中一個例子。

第一次見阿輝，看到他一臉孩子氣，面形圓圓，小小的眼睛讓人感覺單純善良，很難想像他也是有過拘押經歷的孩子。

對於少年時期的阿輝而言，成長是一步一步放棄自己的過程。

他說，他那時很討厭學校，問他為甚麼？他用了一個字的髒話來形容，說來坦然直接，我們能感受到他的真誠，從一個簡潔的形容詞，我們感到他非常非常討厭他的學校。

那一天，阿輝被老師指他在洗手間吸煙，並要處罰他，任他怎麼解釋，老師也不相信。只是因為那個洗手間當時有很重的煙味，而阿輝剛好在那裡。阿輝知道，煙是其他同學抽的，那時他在想，為甚麼老師可以憑一陣沒有證據確定是不是他製造的味道，而確定犯錯的是他？

他記得清楚，任他當時怎麼澄清，那位老師完全沒有準備要聽他解釋的意思，便決定了要施加處罰。相比起處罰的內容，那種被認定是壞學生的不信任，讓他更為難受。從那時開始，他對大人們的心態轉化了，從前的他會在意長輩對他的看法，做錯事了事也會有愧疚的心。但這次經歷，讓他感到無論自己有沒有做錯，長輩對他的看法也只會如此，無意中把原本還有點渴望得到的肯定，遺落在失望之中。

「我知道我之前犯過校規，但我從此以後便沒資格說一句話嗎？」他沒有把這話說出口，因為已經沒有意思了。

阿輝明白，自己的確是曾經在校園吸煙，然而這次事件使他惱羞成怒，更加討厭大人們的規則。那一次廁所吸煙事件之後，阿輝更加完全放棄了完成大人的期望。而命運總像在故弄玄虛，改變阿輝一生人的轉捩點，也巧合地與香煙有關。

在學校沒有得到「好學生」的認證，自然也會招至家人不滿。十多歲以來的阿輝一回家就是父母的責備，由最初責備他為何不好好做功課，成績又不好，後來阿輝直接在外遛達到半夜才回家，若然回家後父母還未睡，他聽到的又是責罵聲。不能成為父母欣賞的孩子，那時阿輝選擇用逃避來應對家人，有時一個星期才回家一天，其他時候在朋友家睡。家人不知道除了責罵，怎樣才能表達對兒子的著緊。於是緊張化成激動，父親有時候甚至會動手向兒子揮拳，卻不知道只能讓兒子逃得更遠，種下更深的怨恨。父母與孩子之間的愛，失落在溝通的失效之間，惡性循環。

管有未完稅貨品

那一個下午，如常「送貨」的阿輝走到約定的街口，客人正在街角抽著煙，阿輝走近，正想開口，這位「客人」突然伸手搭在阿輝的肩上，同一時間，一輛私家車衝到二人所在街口，當阿輝意識到不妙，一切已經太遲了。

「香港海關。」邊說邊亮出證件，電影情節警察碰見疑犯的指定動作。

「想看看你袋中的是甚麼。」

那是十條未完稅的香煙，也就是所謂的私煙。

阿輝當場人贓並獲，從被搭著肩到在海關私家車面前，才短短十秒鐘，他在那一刻來回過神來，原來這是一次放蛇行動。

阿輝原初還狡辯說這些煙是他自己抽的，阿 sir 一句：「這樣分好一袋一袋的，你跟我說自己食？」

他也再無從辯白，便跟了這位海關阿 sir 上車。這十條煙，改寫了阿輝往後的路。

留過幾次級的阿輝，16歲才讀到中二，中二這年他便沒有再讀上去了。既不讀書，又沒有找工作，阿輝整天和朋友一起過日晨。那些朋友是他在網吧認識的，當中不少有黑社會背景。不像那時立志要當大佬的不良少年，阿輝沒有野心要在社團做甚麼事業，他只知道在學校待不住，在家又很煩，與這班朋友一起是最舒服的。

阿輝不知道自己想要甚麼，甚麼都沒有所謂，朋友叫他到哪裡去他便到那浪費時間。有時無聊便打打交，食煙飲酒，沒有書讀，沒有未來他都不在乎，唯一讓他感到煩惱的是身邊的朋友出來玩穿得很光鮮，人家有名貴的波鞋和手錶，甚麼都沒有他走出來卻像一個屋邨仔。在校園他已經是不受歡迎人物，在家中又沒有得到認同，阿輝當時相信，只要身上穿搭朋友也追捧的物質，才能真正地成為一分子。那麼錢從何來？

有人問他要不要運毒。阿輝堅決說不，因為覺得毒品害人，那麼私煙吧？簡單得多呢。

阿輝答應了。事實上那時的他，要買得起他想要的奢侈品，又沒心情認真找工作，沒有太多選擇。

那位大佬說：「捉到都無事的，最多咪罰錢！」

阿輝那時信以為真，抱住工作簡單又能搵快錢的心情，每天只工作兩三小時便能得到可觀的收入。每日他會收到一份表單，寫住公屋幾座幾室送多少條，有司機把你送到指定地點，他上樓一派就是了。

他跟母親說，自己在做一份跟車送貨，媽媽也沒有懷疑。

如是者，阿輝以為工作簡單，賺錢這麼輕易，結果一個月也不夠，已經早被盯上，一次放蛇，他才知道，原來不是罰一罰錢便能了事這樣簡單。

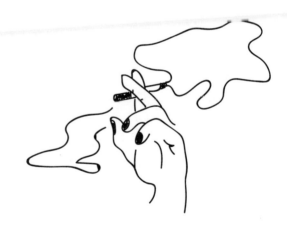

出事了

被捕了，阿輝依然不以為然，反正這些年來他甚麼都在乎，就算坐監也無所謂，人生沒有意義怎樣浪費也是一樣的。

面臨坐牢也沒有使阿輝太苦惱，反而，讓他最煩惱的是怎樣跟家人說。上庭前兩三天，他終於告訴決定告訴媽媽，他想如果媽媽收到差館電話才知道自己兒仔被拘捕了，一定受不住，倒不如自己告訴她。平時甚麼都不細想的他，闖禍了反而開始想及家人的感受，在無法再逃避的時刻，他才發現原來自己那麼在乎家人的感受，或許正因為在意，所以才不停逃避，可惜明白的時，便是傷害他們的時候。

阿輝掙扎了很久，終於踏入媽媽房門。

「媽，之前跟你説去跟車，其實係送煙仔，被人拉了。」

一聽到這句，原本準備好被痛罵的阿輝，聽不到媽媽開口説話，反而看到她的眼淚不停湧下來，這時阿輝從未預計的。這些沉默的眼淚，比一千句斥責更撼動阿輝的心。

就這樣看著媽媽哭了十多分鐘，媽媽只痛心地説了一句：「點解你咁蠢呀？」

這次他沒有反駁，他也同意，為甚麼自己咁蠢呢。

爸爸知道後，表面上沒有反應，只是晦氣地說一句「你自己選擇的，要坐監又不是我坐，你坐之嘛！」然而其實立即便為阿輝奔走，花高費請律師協助處理案件，希望兒子能得到公平及較低判刑。

上庭前一晚，為了避開見家人，阿輝故意不回家，他實在沒有面目面對父母，一想到自己這樣不爭氣，但父母仍然為他這麼著緊，他便感到無地自容，於是選擇依舊和那些走私的朋友玩至深夜。

母親致電問他：「幾時返？」他只說「遲一點。」便等至父母睡了才回家。除了逃避，他不知如何是好。做錯事要面對法庭，但面對家人原來更加難受。

還押的三十五天

上庭時裁判官叫他的名字，問他認不認罪，阿輝選擇認罪，裁判官宣報等候感化報告期間，阿輝需要還押。

聽到結果的一刻，想像到兒子將要穿囚衣，媽媽早已哭成淚人。阿輝脫下身上的皮帶和物品交給母親，比起坐牢，他最心痛的是媽媽的悲傷，媽媽那麼信任他是去跟車，結果原來是這樣。

其實這已經不是阿輝第一次感化令，早在 14 歲時，阿輝曾經一次參與偷單車而被判感化，這次走私已經是第二次爭取感化機會，家人也很擔心會不會再有第二次感化的機會。

當時阿輝還未意識到事情的嚴重性，第一次感化報告結果是，感化官看不到阿輝誠意，因為他不熟悉法例，害怕說出某些細節會被加重或改變刑罰，沒有很合作地如實回答感化官的問題。因此需要第二次還押，等候第二次感化報告，家人再一次受到打擊，這次，阿輝真的開始思考自己的所為。

這一個月的還押日子，他才明白自己從前擁有的東西有多珍貴，包括從前不以為然的自由，更重要是和與家人相處的時間。

這 35 天，媽媽每天由荃灣到壁屋懲教所，花兩個小時的車程，就是為了見兒子 15 分鐘。一天一天這些路程，慢慢打開了阿輝原本封起來的心。他眼見母親多辛苦，也要每天趕來，隔著玻璃向他問暖幾句，他才知道母親一直以來對他有多麼著緊。阿輝每天最期待的就是每天 11 時能見到媽媽來探望，在還押中母子之間的心牆打開了，隔著一片玻璃，反而終於能看見對方，原來自己這麼珍惜與家人相處的時間。

相反，從前他花最多時間待在一起的「朋友」，沒有一個來探望他，使他因而反思自己和這些朋友的真正關係。

第二次感化報告結果是正面的，感化官要求阿輝住宿舍而且安排了位置偏遠的，希望阿輝從此遠離損友，但阿輝早已立定心志，不再接觸他們了。離開觀塘法院的一刻，阿輝說好似發了一場夢，踏出門口的一刻那種開心，他學會珍惜外面所擁有的一切，想重新做人。

在宿舍期間與家人只能一星期見一面，現在不會覺得煩厭，反而連平日也會打電話回家跟家人談天，現在他終於感到家人才是最親近的人。

在獄中，阿輝看見其他青年，有些運毒，有些嚴重傷人，他們面對十幾年的刑期，他覺得自己不可以這樣，也因為過程的辛酸，讓他提醒自己不可以再行差踏錯，堅持不可讓自己再有這種日子。無論如何，他也要重新做人，思考未來的路，如果有機會，要好好完成學業，不讓家人再一次傷心難過。

這次是他第一次覺得自己的事情「有所謂」，因為他終於體會到，自己對家人而言，家人對自己而言有多重要。原來一直連自己也放棄了的人生，家人一直也沒有放開過手。

珍惜未來的一切

「個個人都話後悔沒有讀書，從來沒有聽過人後悔讀過書。」

現在的他已經明白事理，除了學會珍惜家人的愛錫，也珍惜自己的未來。他從新上學，重讀中四，現在是會留心上堂，會交齊功課的好學生，老師對他十分包容，也重新認識了新的乖同學，成為好朋友。

他回想自己從前討厭學校，以及那時老師為何對他份外嚴苛，是因為自己沒有做好本分，而不是別人的錯。那時的經歷，讓他現在學會如何做一個好學生，他現在明白，只有做好自己，才能得到別人的信任。

對於物質，從前的他相信「人冇我要有，人有我要多」，現在他會想，不是正當得來的東西，得到也不是自己的，最終也是要「還」，承擔一切後果。

經過一切一切，他最想感謝家人對他的不離不棄。阿輝說，要感謝這次經歷教他學會了對家人珍惜。若然沒有珍惜的心態，再多再好的東西也沒有意思。

看見現在會好好為自己打算的阿輝，相信家人肯定是最高興的。

評審回應

處罰不等如教育

香港扶幼會許仲繩紀念學校 黃仲夫校長

阿輝的故事讓我想起近日鬧得熱烘烘的新聞：一位金融經紀回到自己的小學，用錢「撻」老師的臉，原因是老師在小學時，曾經以廢紙形容他。這新聞讓我感到很痛心，雖然這位學生的行為不可取，然而這反映了學生對學校老師的仇恨心是多強烈，這麼多年後仍然耿耿於懷。學校教育的目的是培育學生，讓他們把知識和道理帶走，然而眼見學生畢業，留在心底的卻是一鼓憤恨，這是作為教育工作者，覺得最為可惜的。

阿輝提及他在學校曾經被老師冤枉吸煙，這件事影響了他日後的是非觀，同時不再信任大人，變得更加反叛。學生對校園生活的印象，很大部分來自老師，我記得我在小時候也有類似的經歷，那時是還有體罰的年代，那時老師正要找出吵鬧的學生，因為看到他嚴厲的眼神，一個下意識閃躲的動作，便被老師誤會了吵鬧的是我，被他用厚間尺足足打了十下。那件事對我日後的教育信念影響很深，更深入地思考老師和學生的關係是甚麼，也深深明白到以「處罰」來教導學生的盲點。

在學校裡，老師有管教學生的權力，有時這種權力可以變得相當大。因此，我常常提醒自己：「老師不一定是對的。」老師也是人，也會有情緒，由其是當對著一群學生，更有很大的面子壓力，更容易影響判斷。可是我們有時必須放下權威心理，思考道理是不是真的在自己一邊，才能使學生心服。有時就是師生衝突時的一念之差，老師怎樣選擇將會改變了整個局面。

我一向都相信：處罰不等如教育，如阿輝的例子，甚至會有反效果。若然學生真的罰了便會變乖，那麼哪有學生會來到群育學校呢，他們一定是被原校「罰到飽」才來到我面前。可是，也必須承認，處罰是一個快捷的方式處理學生的行為問題，能有效地在短時間回復教室秩序。真正地教育學生，要從根本為學生建立正確價值，這是需要深耕細作的事情，而且可能要耐心等待。

有一句老話：「學壞三日，學好三年」，那麼作為教者，這三年要做甚麼，才能讓學生學好呢？在我的經驗中，我們需要跟學生建立關係，在一次一次深入了解的過程中，理解他們內心的想法，以及他們因此而產生的行為，才可以慢慢走進他們的價值觀，提供正面影響。跟學生建立關係不是能一時三刻做到的事情，而且更不能只在衝突發生時插手，學生更是不可能聽入耳。這正是教育的本義，育人成材，需要無比的心力與耐性慢慢灌溉，很不容易。各位同工，共勉之。

生命軌跡

"Better me，更好的我！"

——阿軒

生命軌跡

〰〰

在宇宙流動中，每天都在發生無數微小的隨機的偶然，在萬億生眾之間，一個人的生命軌跡小如一刻看不見的顫動，但這些極微小的碰撞，一個人與另一個人巧合相遇，一句無心的言語，足以影響另一個人的影個人生。然而，改寫了一個人的生命，對另一個人來說，卻是極為沉重的事情。關於阿軒的三個身分：壞學生、毒品拆家、未來社工，分別為不同的生命帶來改變。

一個 壞學生

小時候家中管教甚嚴的阿軒，小學時是典型的乖學生，被父母監督下用功讀書，升中時進了一所成績不俗的中學，父母亦開始放心讓他自由出外，感覺終於逃出父母視線的阿軒，立即把握機會，盡情跟朋友去玩。讀書考試從來在

阿軒眼中，只是應付他人的差事，他從來沒有因此而得到成就感，上了中學後，成績變得差的阿軒，更覺讀書無聊沒趣。然而被逼作為學生身分的他，沒法從學習中被肯定，也找不到自己的價值。

起初貪玩的他只是跟同學留連網吧，不久他便被區內的社團分子招攬。當時阿軒只是覺得那個「不是乖乖仔」的世界刺激得很，他也不願再安分做一個好孩子，好奇心與刺激感讓他加入了社團。中二便開始「跟大佬」的阿軒，起初只是覺得很過癮，一班不願受約束的少年圍在一起，一起蝦蝦霸霸和食煙，感覺很威很好玩，同年的乖孩子在他眼中只是「傻仔」。他「出嚟行」能見識到一般孩子不能接觸的世界，做別人不敢做的事，他在當中找到一份存在感。

愛面子的阿軒，總是行事衝動，認為暴力就是解決問題最直接的方式，為了「唔輸得」，好勝，不能被欺負的心理，他很在意社團中的聯繫，除了尋求認同感，更是因為恐懼有事時別人能「吹雞」，自己找不到人。

為了突顯社團身分和威風，在學校內，強逼同學請喝汽水是閒事。他不時在學校打架生事，早是老師心目中的壞分子。他更試過只為了爭用學校籃球場，一巴刮在同學臉上，那位同學沒有認低，他便放學叫了 20 個兄弟出來伏對方，嚇得同學以後也不敢招惹這位大佬。幾年之間阿軒從一個最乖巧的好孩子，親手把自己變成學校一等一的壞學生。

一個 毒品拆家

在圈子混得久，當然不能只享受當社團分子的威風，阿軒在中四時收到了大佬的任務：毒品拆家。如電影情節一樣，大佬交代他的事情很簡單，給他一份毒品，讓他自己分裝及找「腳」送貨。阿軒拿出了當時的零用錢，再找朋友夾份一起做拆家。

大佬說，經營毒品的，無論如果也要吸食少許，因為萬一被捉到，「吸毒」和「犯毒」的刑期相差很遠，他眼見和他夾份的兄弟吸食毒品後出現幻覺，一次對著空白的電腦玩了四小時，一方面他覺得對方可笑，同時亦感到毒品的可怕，

不敢染上太深毒癮。即使親眼見到毒品的害處，仍然需要放進身體裡，玩笑之下聽出他的無可奈何。

當毒品拆家，只需要找人替他送貨，每日便能輕鬆地掙過千元。社團中的人總是有錢便有權力和地位，他們不知道從何肯定自己，只能從揮霍金錢取得別人眼中的認同。阿軒說，「有錢人人都怕你」，那是他當時覺得最重要的，為甚麼這些年輕人這麼重視「被人怕」？可能他想要的不是被「怕」，其實他們心底想要的，只是一份尊重。

掙到錢後，他與朋友幾乎賺幾多用幾多，阿軒更愛上大注碼的賭博，他們的世界就是錢財散盡又再找回來，他有認識的人一個月掙 10 萬又花去 10 萬，不停循環。賭博的性質正如你們生活模式，不但沒有考慮後果以及將來，只在乎當下的享樂。

除了要試食，另一項「工作」就是找隱定的手下供應貨源，當時阿軒在社團經營的二手書店打混，二手書店常有學生當暑期工，不少二手書店是由背景人士開設的的，他們會找中學生偷書、甚至搶書，又聘請他們在街上找客。阿軒當時心想，自己做毒品始終有風險，稍加考慮，便想到最安全的做法，是假手於人，找手下為他做便好了，當時他當然沒有想到要顧及手下那些青年的安全。他沒有想太多，見到無所事事又等錢用的學生，阿軒便會「收嚟」，讓他成為自己的手下，為他們運送毒品。

手下有了，客人也有了，初嚐「大佬」滋味阿軒沒有多想，誰知正當一切看似漸上軌道。他剛收回來，只有 14 歲的手下，只做了兩星期左右，便在街頭被警察捉到。收到消息後的阿軒那時才知驚，突然驚覺自己害了另一位年青人的前途，對方一個月前還只是一個打暑期工的中學生，是他一手把對方送上這條不歸路，他想到這位少年被拘押的畫面，他感到一陣前所未有的內疚與心酸。

手下被拉了，他們的人馬自己也被盯得很緊，他也自然要避風頭，阿軒重新思考自己幾年來做過甚麼，一方面內疚感重重壓在心上，另一方面，他終於明天這樣的日子，根本不會有將來。轉眼間已經中五了，早已沒有了當初的蝦蝦霸霸時幼稚的快感，他開始想，轉眼便快中六，未來點算？

一個 未來社工

完成中六後，阿軒未能升學，但已決定遠離毒品的他，隨便找了一份廚房工作，一做便做了三年。這三年來，阿軒以「冇興趣，冇目的，冇將來」形容，他對廚房工作沒有興趣，生活被無意義感充斥，他卻找不到自己想做的事，只好日復一日地過著平淡又苦悶的生活。但他肯定昔日刺激又大起大落的生活，他絕不想回頭。

在迷惘期間，阿軒看著自己的同學各有發展，而只完成中六學歷，語文不合格的他原來選擇十分少，想做的事情也有學業門檻。他只知道廚房工作絕對不是他想做一輩子的事情，然後他也不知道自己想做甚麼，也不知道自己能夠有甚麼選擇。他開始明白當初以為很有意思的事情，原來讓往後的人生路變得這麼困難，只能掉進一片迷惘與困窘之中。

終於，厭倦廚房的他辭職了，但仍然沒有方向，當時剛好有朋友去澳洲工作假期，迷惘的他便跟隨朋友前去。希望以一段空白的時間，思考未來的人生到底要怎麼過，希望為未來尋求些生機。他比上工時間早了兩星期到了澳洲安頓，然而兩天後他便悶慌了，他才發現世界很大，要獨立面對生活和照顧自己，用不熟悉的語言尋找工作，失去了在香港隨時有朋友家人照應，他才感到自己原來從來不知道自

己的價值所在。即使在香港無所事事，總會有朋友有節目打發時間，互相伴隨支持，然而在他鄉沒有朋友，沒有娛樂，當靜下來面對自己時，他居然在第一個晚上哭起來。

阿軒說，他覺得自己是個「廢人」。

原來逃到半個地球之外，生活仍然難以面對，阿軒很清楚自己去澳洲不是為了賺錢，也不是尋求體驗，只是為了逃避面對生命的問題。

原來生命沒有目標，活得沒有價值，在哪裡都沒有意義。一想到將來，他便感到無限寂寞。這段期間，他終於想正面面對自己的未來發展，他常常透過短訊找香港的朋友及社工認真談談未來，當時社工提供基本情緒支援外，亦三番四次提醒他要認真思考自己對未來的期望，又可以做甚麼去實踐。社工也希望他能可以開闊眼界，學習獨立面對問題，讓他知道雖然他在本地小社區內可以任意橫行霸道，但在外面的世界，這一套行不通的，靠的只能是努力與能力。

思想過程中，他發現自己曾經真正感到快樂的，是參與義工服務幫忙別人的時候。回港後，社工安排不同的體驗活動，讓他與社會有更多接觸，在服務中之中，原來在家中敬愛老人的他發現自己也很喜歡照顧老人家，他又喜歡和小朋友與年青人相處，慢慢他便意識到，你想向著一個能幫助別人的，有真正意義的工作出發。

在直視自己和探索的過程，阿軒逐漸感到明朗。明白只要透過努力，現在改變依然不遲。感受最深的是，他很慶幸自己最無助的時候被很多人支持，有人和他認真對談，開導他走出低谷，家人在這段時間，也對他十分支持，於是阿軒下定決心，要當社工幫助像他這樣迷茫的人重新出發。

「當時用生命來害了一個人，現在想用生命來幫人。」

如今的阿軒，洗去迷茫，堅定地如此說。兜兜轉轉後，一切都可以從頭來過，今天他認真上學，從毅進讀起，重拾書本面對漫長的學習路程，今天他已經清楚而堅定，希望未來也能成為一個改變別人生命的社工。

評審回應

良知的種子

荃灣獅子會 李浩然會長

阿軒自小被家人管教甚嚴，亦看得出家人對他的愛錫與期望。許多時候青少年問題是來自背景複雜的家庭，但在阿軒的故事，他擁有健康的家庭，進入了成績不錯的學校，父母亦用心照顧和關心他。很多家長會不解，為甚麼這些孩子依然會變成邊緣青年？而且他絕對不是唯一的例子。這種情況，作為三個孩子的父親，讓我深思香港的家庭教育文化是不是有不足之處。

這個故事令我最深刻的，亦是他之所以今日能夠回頭的原因，是他內心裡仍然有一份珍貴的良知。年青人在青春期，開始建立自己的圈子，容易被新鮮感和刺激吸引而誤交損友。在阿軒故事中，離開被看管甚嚴的小學階段，對「自由」有強烈的好奇，因而被色聲犬馬的社團生活吸引。難得的是，他能及時作出反思，在事情發展不可收拾之前回頭，這正是來自他心中的良知。阿軒離開社團的轉捩點，是因為有一名被他招攬的手下被拘捕了，他因此開始反思自省，覺得自己害了人，十分內疚。面對同一種情況，可能有人會以事不關己的心態回應，可以覺得只是對方失手，不會思考自己的責任，抱有這種心態，只會一直犯更深的錯。

良知，往往就是在關鍵的時刻發揮作用，一念之差前行還是轉彎，決定了人生的發展。

作為父母，我們可以做的是從小透過家庭教育，在孩子的心中種入良知的種子，然而這也是現代繁忙的父母容易忽略的。例如在孩子小時候，多跟他們說故事，講道理，一些看似只是老生常談的家常話，其實能一天一點地為孩子建立正直的價值觀與良好品格。這些不需刻意的道德教育，其實比書本知識更加重要。那些大是大非的話，到孩子已經被損友吸引的時候再說便已太遲，那時已不可能聽入耳。作為父母應該做的，是在孩子的心中，建築一些道德城牆，讓孩子能在關鍵的路口明辨是非，才是真正長遠地守育孩子的一生。

可惜的是，現代社會太重視成績，父母對孩子的溝通往往只集中於成績，忽略了價值觀的培育。加上在現代社會推崇物質，吹捧效率的文化中，孩子沒有堅定的是非觀是十分危險的。這種文化下，他們很容易被賺快錢的捷徑吸引，誤入歧途。早前我讀了一本關於心理學的書《Mindset: The New Psychology of Success》，當中有一點讓我也反省很多。我們很容易因為孩子做事快，便讚他們醒目，給予肯定。可是孩子成長以後，他們必然會面對一些更複雜的問題，需要耐心和努力，不能只靠「醒目」草草去解決。如果小孩只相信快便是好，可能會因此逃避一切困難和需時的事情，以避免被人覺得愚笨。我現在常常提醒孩子，其實「快」不一定是好的，我們更應該教孩子重視心態和過程，多去肯定他們的努力。鼓勵他們在日後的人生，只要走在正途，慢也不要緊，只要抱著良好的道德和價值，定會看見人生美好的風景。

起舞吧

「每個人都會反叛，
或會犯錯，
但每個人都值得
給予機會去改過！」

—— 小冬

起舞吧

‧‧‧

「被獨立」的孩子

16 歲的小冬長著一張可愛的面孔，小眼睛配著略圓的臉，與她臉上的 Hip-hop 風格濃妝與穿搭形成對比。這一身 Hip-hop 打扮不只是喜好，小冬是一位 B-girl —— Breakdance Girl，現在的她是一位專業的街頭舞者。而風格強烈的妝容底下，雖然是張小女孩的臉，卻帶著一份蒼鬱的神情。

小冬 4 歲時與 9 歲的哥哥，因被母親獨留兒童在家，而被送進了社署監管的兒童之家，她記得當時如常與哥哥偷偷去公園玩，卻被親戚發現了他們的母親不在港而通知社署，接著便開始了漫長的兒童之家和院社歲月。

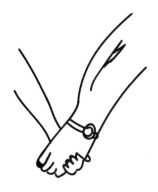

仍是一個大女孩的母親，當時跟朋友回去內地玩幾天。小冬與哥哥早就習慣了沒有成人在家的日子，4歲的她與哥哥已經能照顧自己。小冬說從小到大，最疼愛她的是公公，可惜公公婆婆已年老，無法把她接回家撫養，回憶起被女排到兒童之家的記憶，小冬說「我覺得冇嘢喎」，「冇嘢喎」是她的口頭禪。

宿舍生活與家人聚少離多，每到假日便到公公家和媽媽相見，對於孩童期間，小冬只記得清楚她因說錯話或不乖而被媽媽打，或是罰坐「無影櫈」，這時公公會抱著她，不讓媽媽再打，這是小冬對童年體會過最深刻的愛。

小學六年級時，媽媽說帶她去見一個人。她們走到街角，突然有人叫出她的名字：冬晴，從來沒有人這樣叫她名字。回頭一看，她說「我只係見到一個 MK 仔」後來她才知道，這位大男生就是她的父親，自此與生父能偶爾聯繫。

公公離世的那天，公公囑咐小冬的母親：「一定要把小冬接回家。」

那天小冬在參與宿舍的活動，突然有人叫她搭的士到醫院去。在醫院身邊全部人都哭了，只有她一個哭不出來。心理醫生說，人會因為太難過，所以不能表達，時隔一兩年，便會哭得很慘。公公死後的一星期，媽媽立即接她回家，那年小冬已經中學二年級。

一年後某一個晚上，小冬感到一陣淒然，突然放聲慘哭。那個晚上的心情湧回來，最愛她的公公死了。

燥動的歲月

4 歲被送進兒童之家後，小冬多次被家舍「退回」。從小學習了母親的暴燥習慣，又或是源於是成年人既厭惡又渴望，在家舍的小冬稍有不快便會把傢具摔爛，她試過把椅子摔到天花風扇，用指甲鉗把人家的電視刮花。幾年之間被一

間一間的兒童之家送來送去，最終沒有家舍願意接收，她被送進寄宿學校。

小學六年班被送到寄宿學校的小冬，繼續沒有收儉脾氣，常常與其他宿舍同學爭執生事，爭執為了不認輸，更試過到廚房拿刀，架上別人的頸上，小冬甚麼都不怕，就是不可以輸掉傲氣。她也只剩下傲氣，那時候的小冬，除了比別人惡，便甚麼都沒有了。沒有得到應有的保護，唯有把成長的孤單化為暴力，以極端的強悍，維護內心最後的脆弱。她和這些孩子總是到處生事，常常為小事爭執，互相借事發洩對生活的憂憤。

這樣的她升上中學後，自然與其他生事的孩子為伍，不久便跟了大佬，常常逃學成為了童黨一分子。中一的她便以大家姐的姿態為人出頭，不停跟人結怨，試過在停車場被十幾個人圍住，每人刮她三巴，「你打完我，預咗我整返你」，她就當場站著任這班人掌刮。她當時的大佬，和她社團地位甚高的男朋友，很快又幫她找二十多人再圍毆這班人，每人跪在地上給她打三巴，讓小冬感覺自喜。她的日子就是那樣，與不同群體不停互相挑釁，打鬥甚至追斬，以表現童黨的團結，開時便圍在一起飲酒吸毒，小冬暗裡享受團體身分的快感。這些快感來自很多人撐先自己，覺得自己很多朋友，比別人優勝。

母親與我

也在不良圈子混過的媽媽，很快便知道了小冬加入了社團組織，加上公公離世時的囑咐，中二那年，媽媽終於把小冬接回家，並加以嚴厲的管束，希望能讓小冬好好上學，重新成為一個乖孩子。然而遲來的管教，帶來更激烈的回應。這大女孩與她的小女孩暴烈相待，為兩人的關係再添幾道傷痕。

回家後，媽媽要求小冬出入要簽簿，除了上學之外嚴格限制她外出。小冬與母親一起住，卻不與對方說話。在激烈爭執時，小冬試過將母親的東西全部扔下樓，小冬被母親抓著頭髮撞到牆上，小冬不對母親還手，卻以更激烈的破壞力回應。爆發幾次強烈衝突後，媽媽被小冬的激烈行為嚇怕了，得了創傷後遺症，對女兒產生恐懼，至今仍無法再與小冬同住。

這些矛盾之中，彼此對對方抱著無限的失望，同時小冬也在逃避母親對她的逃避。母親不忍面對女兒走回自己的舊路，而對母親極度失望的女兒卻此給母親最大的懲罰。兩人的暴烈，正是互相極度渴望親近後的情感反彈。

小冬又被安排到家舍居住，重新與童黨為伍，過回從前生事放浪的日子，內心比從前更悲憤，愈是悲憤，她便更好勇鬥狠，常常把自己置於危險，以蒼惶的感覺蓋過悲哀。

母親擔心小冬會遲早橫屍街頭，思前想後，終於給女兒寫了一封親筆信，那是一封道歉信。

「女兒，對不起。」接到信後小冬十分驚訝，想不到原本關係像冰封一樣，連話都不能談一句的媽媽，會把自己的情感如此真摯地表達。小冬躲起來，滴著眼淚把信一字一字讀完。

信中媽媽向她坦白，自己因年輕時學壞，不小心生下她，年紀還小的她無法面對接下來的人生，其實她很愛這位可愛的女兒，但卻太討厭自己的人生。她的人生就這樣被小冬不負擔的爸爸摧毀了，她原來也希望自己過著幸福的人生，而事與願違，唯有一直對小冬逃避，很對不起，媽媽從前不懂得如何愛你。

「我只希望你不要像我一樣，媽媽希望你未來幸福。」

讀了這封信後，是期待已久的釋懷，小冬從來並不真心痛恨母親，一直在等待一個能原諒母親的機會，一個能好好疼愛母親的機會。

小冬一直也明白，她與媽媽只是口硬心軟，大家心底都是很愛大家，她很感謝媽媽寫她這封信，讓他了解母親的另一面。她回信答應母親，不會再過那些張狂的日子。小冬諒解年輕的母親當初為甚麼不懂照顧他們。她們也成熟了。小冬頓覺那些瘋狂的日子其實也沒有意思，離開了壞朋友，從新好好上學。小冬心想，媽媽為了想她變好，其實一直以為也付出了不少，自己也再不能再任性只顧自己感受，如今她只希望母親往後的日子快樂。

起舞吧

Breakdance，霹靂舞，起源於美國街頭的舞者的即興舞蹈動作，是一種力量型的舞蹈，起被這些街頭舞者多半是窮困美國黑人或墨西哥人的街童，他們一邊嘶聲歌唱，一邊自由舞動。

小冬從小是舞蹈愛好者，在街上跳舞並不一定是無所事事的街童。起初接觸 Breakdance，小冬只是抱著試試玩玩的心態，但社工對她說，如果覺得這是真正的興趣，要不就不要跳，要不就認真下苦功，跳得比別人好，心態先要轉變，才會有突破。慢慢她的心態愈來愈認真，小冬如今潛心投入霹靂舞蹈，以此為未來的目標和事業。她參加正式的霹靂舞比賽，一跳成為香港青年奧運代表。從前常常逃學的小冬，是學校操行最差的學生，如今在霹靂舞青奧選拔賽中，校長和老師也到場為她打氣，還說她是學校的驕傲。

但的小冬最期待的觀眾，是她的母親。

「從來虛位以待 何不給個擁抱」

在比賽當天，小冬母親果然有到場。比賽前，場地的各人都熱鬧地互相擁抱打氣。借著興奮的環境，小冬第一次擁抱她的母親，在嘈雜的音樂聲中，悄悄地安慰彼此的靈魂。

曾經的燥動已轉化成推進生命的力量。一刻之間，過去一切憤怒與矛盾，以一個擁抱轉化為最原初的、強大的，愛的力量。

過去的苦難，除著激烈的音樂與汗水揮去。衷心希望她直踏奧運舞台。

誇代命運

新生精神康復會行政總裁 馮丹媚女士

是次嘉許計劃中有兩位是女孩子，剛巧她們二人的故事有別於書中其他青年，他們的所發生的事情都原生家庭關係十分密切，兩位女孩都令我非常深刻。《爸爸的眼淚》與《起舞吧》兩位故事主角，均是來自於問題家庭的女孩子，小冬與家欣成長在各有困難的家庭當中，兩人以不同的方式回應自身的處境，遭遇不一，卻同樣堅強。

小冬從年幼時起便在不完整的家庭長大，爸爸離開了他們，被年輕媽媽疏忽照顧，小冬選擇了以強悍的方式應對。面對孤單的童年，缺乏愛的小冬開啟內心的防衛機制，一方面以為表現得強勢兇惡便可以保護自己，另一方面，亦是向自己內心掩飾得不到關愛的事實，而以反叛的表現為自己的不被痛錫給予理由。小冬沒有反叛而變得快樂，一直過著鬱悶又憤怒的邊緣生活，更讓她幾度險些跌入危機。

我們常在父母與子女的身上看到誇代命運的發生，時常讓人感到慨歎的，是看見年青有意識或無意識地重演上一代的悲劇。小冬身上，誇代命運的影子十分明顯，她的媽媽少女時也是邊緣青年，小冬也同樣在重覆這角色，而且以更反叛的姿態回應。在這種處境中，年青人需要很深的覺醒，努力去走出命運的循環。小冬媽媽自小管教她的方式是對她加以體罰，小冬長大後也以同樣方式跟母親溝通，結果，以暴易暴不能解決問題，只造成更多不可收拾的衝突。

無止境的放任與暴力，看似讓情緒得到宣洩，但其實沒有解決她真正的鬱結，小冬的內心，需要的是一場好好的和解，與母親，也與自己和解。幸運的是，媽媽終於肯踏出第一步給她寫信，讓小冬真正的釋懷，她明白了原來自己也不是唯一受傷害的，透過理解和溝通，與媽媽情感重新連結，放下了從前的仇恨，發現對方的愛。

人在悲憤當中，很難將事情看清，有時只需要在一念之間放下憤怒，走出悲哀與憤怒的循環，才能看到愛的影子，面向未來的光明。老生常談總是說易行難，小冬在小小的年紀，便經歷了如此巨大的徹悟，當中必定經歷了許多許多爭扎才能原諒過去，在不幸之中選擇看愛的一面，實在讓人欣慰。

香港青年協會簡介

香港青年協會簡介

香港青年協會 (hkfyg.org.hk | m21.hk)

香港青年協會（簡稱青協）於 1960 年成立，是香港最具規模的青年服務機構。隨著社會不斷轉變，青年所面對的機遇和挑戰時有不同，而青協一直不離不棄，關愛青年並陪伴他們一同成長。本著以青年為本的精神，我們透過專業服務和多元化活動，培育年青一代發揮潛能，為社會貢獻所長。至今每年使用我們服務的人次達 600 萬。在社會各界支持下，我們全港設有 80 多個服務單位，全面支援青年人的需要，並提供學習、交流和發揮創意的平台。此外，青協登記會員人數已達 45 萬；而為推動青年發揮互助精神、實踐公民責任的青年義工網絡，亦有逾 20 萬登記義工。在「青協 • 有您需要」的信念下，我們致力拓展 12 項核心服務，全面回應青年的需要，並為他們提供適切服務，包括：青年空間、M21 媒體服務、就業支援、邊青服務、輔導服務、家長服務、領袖培訓、義工服務、教育服務、創意交流、文康體藝及研究出版。

青協網上捐款平台

e·Giving

giving.hkfyg.org.hk

青年違法防治中心簡介

香港青年協會

香港青年協會青年違法防治中心簡介

香港青年協會致力培育青年知法、守法。「青年違法防治中心」透過核下地區外展社會工作隊、深宵青年服務及青年支援服務，就邊緣及犯罪青少年經常面對的三大問題，包括「犯罪違規」、「性危機」及「吸毒」，提供預防教育、危機介入與評估，以及輔導治療；另外亦推動專業協作及研發倡導。「青法網」和「違法防治熱線 81009669」，為公眾提供青少年犯罪違規的資訊和求助方法。青協於上環永利街亦為有需要的青少年提供短期住宿服務。

青年嘉許計劃簡介

「重新出發」

「重新出發」青年嘉許計劃簡介

香港青年協會青年違法防治中心舉辦「重新出發」青年嘉許計劃，旨在表揚和嘉許勇於改過自新、重新振作，願意以積極態度投入社會的青少年；同時亦希望藉着他們的故事，勉勵其他青少年奉公守法，建立健康人生。

青少年能成功改變過來，總有一些原因。除家人的支持、社工的引導外，往往還包括工作和進修機會、外界的接納等。我們希望藉此計劃，引起社會人士對邊緣青少年的關注，並期望能為他們提供更多機會，讓他們重新出發。

評審簡介

評審簡介

ᐁᐁᐁ

初選評審

荃灣獅子會 吳婧女士

荃灣獅子會 李月娥女士

荃灣獅子會 梁明遠先生

荃灣獅子會 葉向東先生

荃灣獅子會 趙豪文先生

香港青年協會單位主任 李少翠女士

香港青年協會單位主任 李智廣先生

香港青年協會單位主任 楊建華先生

香港青年協會青年工作幹事 何淑儀女士

香港青年協會青年工作幹事 彭子晴女士

香港青年協會青年工作幹事 文習武先生

香港青年協會青年工作幹事 梁志豪先生

香港青年協會青年工作幹事 胡嘉燕女士

複選評審

荃灣獅子會 李浩然會長

香港扶幼會許仲繩紀念學校 黃仲夫校長

香港青少年犯罪研究學會秘書長 黎定基先生

新生精神康復會行政總裁 馮丹媚女士

荃灣獅子會慈善基金簡介

荃灣獅子會及

荃灣獅子會及荃灣獅子會慈善基金簡介

荃灣獅子會由不同界別的社會賢達所組成，積極推動慈善
項目造福人群。為進一步發展善業，特別創立荃灣獅子會慈
善基金（下稱本會）。

本會旨在為社會上不同需要之人士提供適切援助及服務，締
造美好社群。本會凝聚來自不同行業、熱心公益之社會賢達，
共同為建設美好香港而努力，並積極響應國際獅子總會。

4大服務方向，包括：
1) 保護環境
2) 鼓勵青少年參與
3) 救助飢餓
4) 分享視覺

重新出發 IV

出版： 香港青年協會
訂購及查詢： 香港北角百福道 21 號
香港青年協會大廈 21 樓
專業叢書統籌組
電話： (852) 3755 7108
傳真： (852) 3755 7155
電郵： cps@hkfyg.org.hk
網頁： hkfyg.org.hk
網上書店： books.hkfyg.org.hk
M21 網台： M21.hk
版次： 二零一九年六月初版
國際書號： 978-988-77134-7-0
定價： 港幣 90 元
顧問： 何永昌先生
督印： 魏美梅女士
編輯委員會： 陳文浩、李樂民、黃潤霖、李雯慧
鳴謝： 李浩然、馮丹媚、黃仲夫、黎定基
執行編輯： 周若琦
訪問及撰文： 朱鳳翎
設計及排版： loka
製作及承印： 香港製造

Turning Point IV

Publisher: The Hong Kong Federation of Youth Groups
21/F, The Hong Kong Federation of Youth Groups Building,
21 Pak Fuk Road, North Point, Hong Kong
Printer: 香港製造
Price: HK$90
ISBN: 978-988-77134-7-0

青協 App
立即下載